MINI BOOK
IN

마인드맵으로 그려낸
문정아의 중국어 어법 교과서

KB259697

978 89 958485 31

www.no1hsk.co.kr

마인드맵으로 그려낸

문정아의
중국어
어법 교과서

Contents

part 2

part 3

1. 문형

2. 접속사와 복문

중국어 어법 단위, 품사, 문장 성분

part 0

01. 중국어 어법 단위 (31p)

복문 두 개 이상의 단문으로 구성된 문장

형태소 뜻을 가진 더 이상 분리할 수 없는 가장 작은 단위

단어 문장을 구성하고 독립적으로 쓸 수 있는 가장 작은 단위

구 두 개 이상의 단어가 일정한 규칙에 맞게 결합하는 단위

단문 언어에서 사용하는 가장 작은 단위

02. 품사 (32p)

앞 단어와 뒷 단어, 구, 절, 문장을 연결해 주는 단어 — 접속사

사람이나 사물, 공간, 방위, 시간을 나타내는 단어 — 명사

단어 혹은 구 뒤에 붙어 어떤 어법작용을 부가하는 단어 — 조사

명사, 동사, 형용사, 수량사 등을 대신하거나 가리키는 단어 — 대명사

명사 또는 대명사 앞에서 전치사구를 구성하며 주로 관형어, 부사어, 보어로 쓰인다. — 전치사

사람 또는 사물의 동작이나 작용을 나타내는 단어 — 동사

동사와 형용사를 수식하며 주로 부사어가 됨 — 부사

사람이나 사물의 모습, 성질 또는 동작, 행위 등의 상태를 설명하는 단어 — 형용사

사람이나 사물의 수량 또는 동작의 횟수를 나타내는 단어 — 양사

수를 나타내는 단어 — 수사

품사

03. 문장성분 (33p)

- 서술의 대상으로 동작을 하거나 동작을 받는 성분 — **주어**
- 술어 뒤에서 술어를 보충 설명해 주는 성분 — **보어**
- 주어를 서술하는 성분 — **술어**
- 술어가 되는 동사, 형용사 앞에서 수식 또는 제한하는 성분 — **부사어**
- 문장 성분
- 동작이나 상태와 관련된 사물, 시간, 장소, 수량을 나타내는 성분 — **목적어**
- 주어나 목적어 앞에서 수식 또는 제한하는 성분 — **관형어**

주어, 술어, 목적어, 관형어, 부사어, 보어

part 1

01. 주어 (41p)

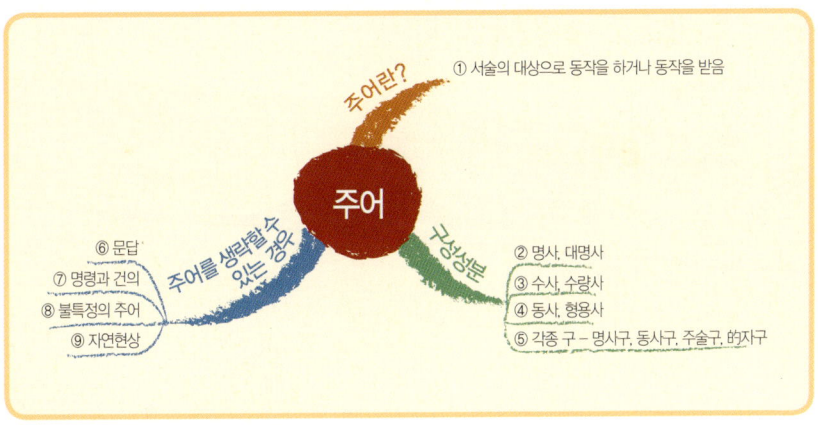

- 주어란?
  - ① 서술의 대상으로 동작을 하거나 동작을 받음
- **주어**
- 구성성분
  - ② 명사, 대명사
  - ③ 수사, 수량사
  - ④ 동사, 형용사
  - ⑤ 각종 구 – 명사구, 동사구, 주술구, 的자구
- 주어를 생략할 수 있는 경우
  - ⑥ 문답
  - ⑦ 명령과 건의
  - ⑧ 불특정의 주어
  - ⑨ 자연현상

예문

1. 我学习汉语。
2. 你的书很多。
3. 八是中国人最喜欢的数字。
4. 去恐怕不行。
5. 他说的都对。(的자구)
6. （你）吃饭了吗？－（我）吃了。
7. （你）吃吧。
8. 活到老，学到老。
9. 下雨了。

part 1

02. 술어 (47p)

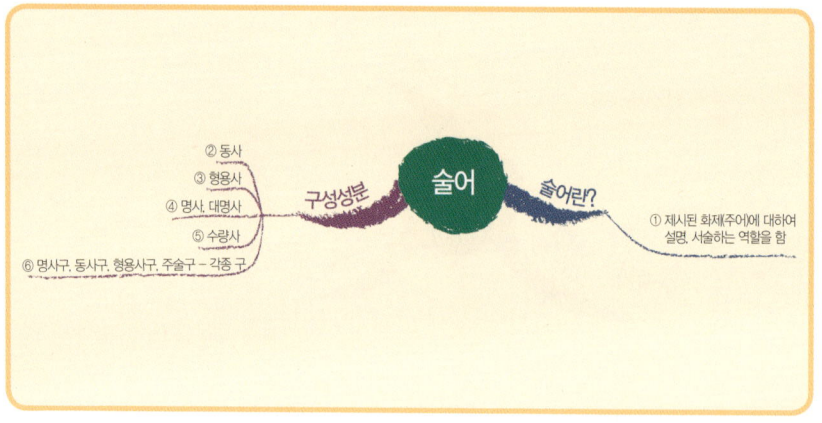

- ② 동사
- ③ 형용사
- ④ 명사, 대명사
- ⑤ 수량사
- ⑥ 명사구, 동사구, 형용사구, 주술구 – 각종 구

구성성분

술어

술어란?

① 제시된 화제(주어)에 대하여 설명, 서술하는 역할을 함

예문

1. 我去中国。
2. 老师说，我们听。
3. 天气暖和了。
4. 今天星期天。/ 你怎么了？
5. 你们自己拿走，每人三个。
6. 你这个吝啬鬼！(명사구)

03. 목적어 (53p)

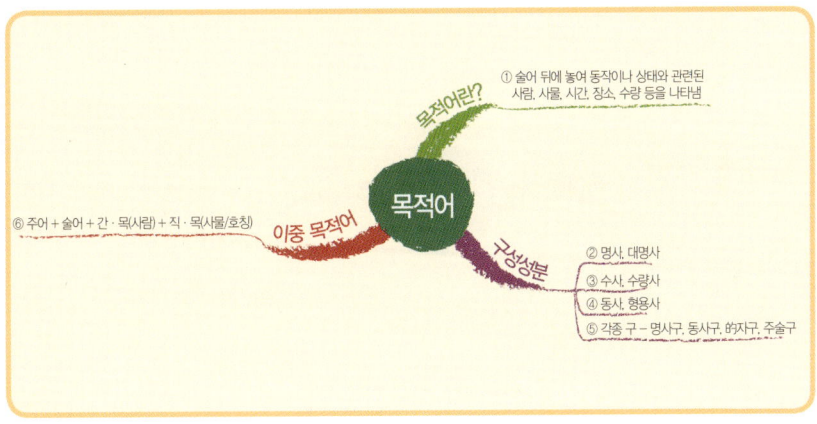

목적어란?
① 술어 뒤에 놓여 동작이나 상태와 관련된 사람, 사물, 시간, 장소, 수량 등을 나타냄

목적어

⑥ 주어 + 술어 + 간 · 목(사람) + 직 · 목(사물/호칭)

이중 목적어

구성성분
② 명사, 대명사
③ 수사, 수량사
④ 동사, 형용사
⑤ 각종 구 - 명사구, 동사구, 的자구, 주술구

예문

1. 我吃饭。
2. 他看书。
3. 我的身高是一米八。
4. 我不喜欢打架。
5. 这位是我们公司的老板李先生。
6. 他教我(간·목)汉语(직·목)。

04. 관형어의 종류 (61p)

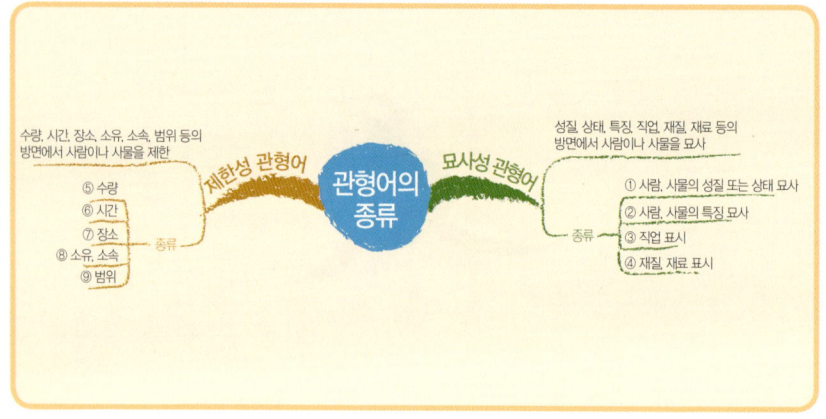

관형어의 종류

제한성 관형어 — 수량, 시간, 장소, 소유, 소속, 범위 등의 방면에서 사람이나 사물을 제한

종류
⑤ 수량
⑥ 시간
⑦ 장소
⑧ 소유, 소속
⑨ 범위

묘사성 관형어 — 성질, 상태, 특징, 직업, 재질, 재료 등의 방면에서 사람이나 사물을 묘사

종류
① 사람, 사물의 성질 또는 상태 묘사
② 사람, 사물의 특징 묘사
③ 직업 표시
④ 재질, 재료 표시

예문

1. 老实人
2. 戴眼镜的人
3. 体育老师
4. 毛裤
5. 三杯咖啡

6. 2010年的世界杯足球赛
7. 书包里的手机
8. 我们的学校
9. 十八岁以上的人

05. 관형어와 的 (63p)

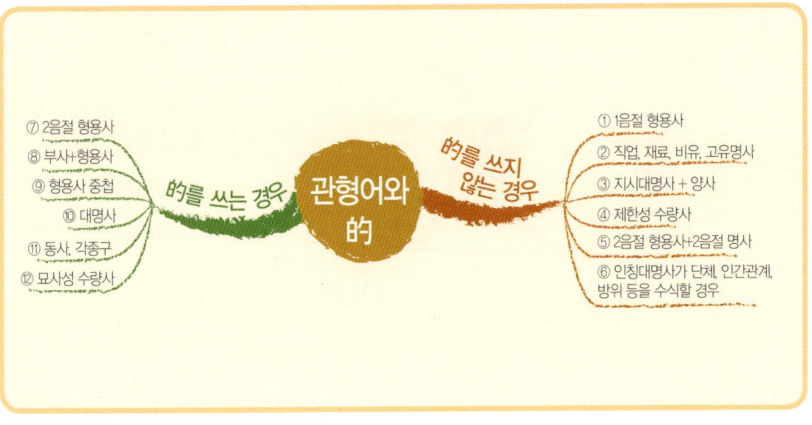

- ⑦ 2음절 형용사
- ⑧ 부사+형용사
- ⑨ 형용사 중첩
- ⑩ 대명사
- ⑪ 동사, 각종구
- ⑫ 묘사성 수량사

的를 쓰는 경우

관형어와 的

的를 쓰지 않는 경우

- ① 1음절 형용사
- ② 직업, 재료, 비유, 고유명사
- ③ 지시대명사 + 양사
- ④ 제한성 수량사
- ⑤ 2음절 형용사+2음절 명사
- ⑥ 인칭대명사가 단체, 인간관계, 방위 등을 수식할 경우

예문

1. 这是个好办法。
2. 他们都准备考北京大学。
3. 我尝过那道菜。
4. 我上六节课。
5. 痛苦(的)经验 / 富裕(的)生活
6. 我们(的)学校有很多中国老师。
7. 他是个聪明的孩子。
8. 那是非常贵的手机。
9. 他戴着漂漂亮亮的手表。
10. 这是谁的钱包?
11. 昨天我们看的电影真不错。
12. 他有一个三岁的女儿。

06. 관형어 전체 지도 (68p)

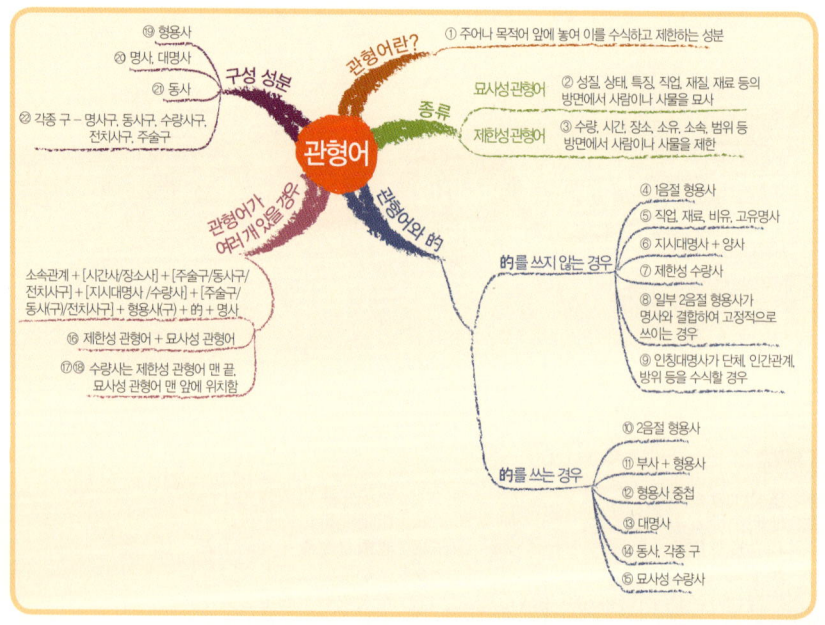

관형어

관형어란?
① 주어나 목적어 앞에 놓여 이를 수식하고 제한하는 성분

종류
묘사성관형어
② 성질, 상태, 특징, 직업, 재질, 재료 등의 방면에서 사람이나 사물을 묘사

제한성관형어
③ 수량, 시간, 장소, 소유, 소속, 범위 등 방면에서 사람이나 사물을 제한

구성 성분
⑲ 형용사
③ 명사, 대명사
㉑ 동사
㉒ 각종 구 - 명사구, 동사구, 수량사구, 전치사구, 주술구

관형어가 여러 개로 이을 경우
소속관계 + [시간사/장소사] + [주술구/동사구/전치사구] + [지시대명사 /수량사] + [주술구/동사(구)/전치사구] + 형용사(구) + 的 + 명사
⑯ 제한성 관형어 + 묘사성 관형어
⑰⑱ 수량사는 제한성 관형어 맨 끝, 묘사성 관형어 맨 앞에 위치함

관형어와 的

的를 쓰지 않는 경우
④ 1음절 형용사
⑤ 직업, 재료, 비유, 고유명사
⑥ 지시대명사 + 양사
⑦ 제한성 수량사
⑧ 일부 2음절 형용사가 명사와 결합하여 고정적으로 쓰이는 경우
⑨ 인칭대명사가 단체, 인간관계, 방위 등을 수식할 경우

的를 쓰는 경우
⑩ 2음절 형용사
⑪ 부사 + 형용사
⑫ 형용사 중첩
⑬ 대명사
⑭ 동사, 각종 구
⑮ 묘사성 수량사

1. 我们学校有中国留学生。
2. 老实人
3. 三杯咖啡
4. 这是个好办法。
5. 他们都准备考北京大学。
6. 我尝过那道菜。
7. 我上六节课。
8. 痛苦(的)经验 / 富裕(的)生活
9. 我们(的)学校有很多中国老师。
10. 他是个聪明的孩子。
11. 那是非常贵的手机。
12. 他戴着漂漂亮亮的手表。
13. 这是谁的钱包?
14. 昨天我们看的电影真不错。
15. 他有一个三岁的女儿。
16. 丹丹是一个可爱的姑娘。
17. 昨天从上海来的那两位客人正在谈生意。
18. 那本40万字的关于中国近代经济的《经济论》已经出版了。
19. 好事 / 愉快的生活
20. 白色的衣服 / 这个人
21. 走的时间 / 认识的同学
22. 韩国和日本的关系

07. 부사어 위치 (72p)

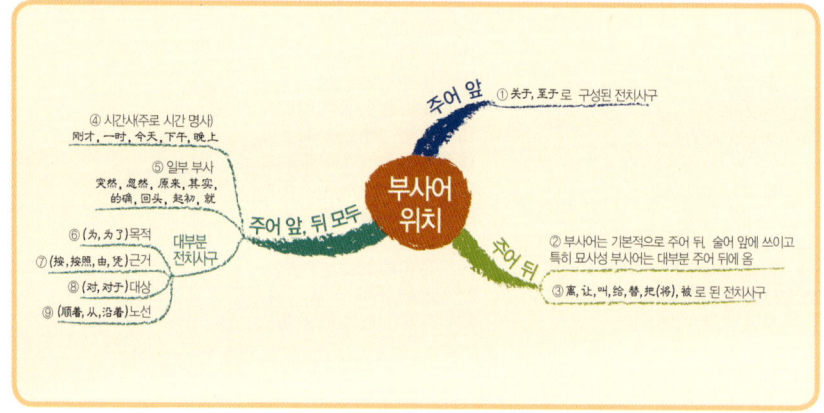

부사어 위치

주어 앞
① 关于, 至于 로 구성된 전치사구

주어 앞, 뒤 모두
④ 시간사(주로 시간 명사)
刚才, 一时, 今天, 下午, 晚上

① 일부 부사
突然, 忽然, 原来, 其实,
的确, 回头, 起初, 就

대부분 전치사구
⑥ (为, 为了) 목적
⑦ (按, 按照, 由, 凭) 근거
⑧ (对, 对于) 대상
⑨ (顺着, 从, 沿着) 노선

주어 뒤
② 부사어는 기본적으로 주어 뒤, 술어 앞에 쓰이고
특히 묘사성 부사어는 대부분 주어 뒤에 옴

③ 离, 让, 叫, 给, 替, 把(将), 被 로 된 전치사구

예문

1. 关于这件事，你别提了。
2. 他已经看过这本书了。
3. 我家离公司不太远。
4. 你刚才说什么？
5. 突然他进来了。

6. 为了身体健康，他每天去健身房。
7. 按照学生的要求，学校开了韩语班。
8. 对于中国人来说春节是最大的节日。
9. 沿着这条路你一直走就到银行。

예문

1. 你别客气，多吃点儿吧。
2. 到底你想怎么办？
3. 他在网吧玩电脑呢。
4. 为什么这样做？
5. 再仔细(地)看一遍吧。
6. 孩子们高高兴兴地跑了出去。
7. 雨不停地下。
8. 办事的时候，要一件一件地办。
9. 我不由自主地点了点头，答应了他。

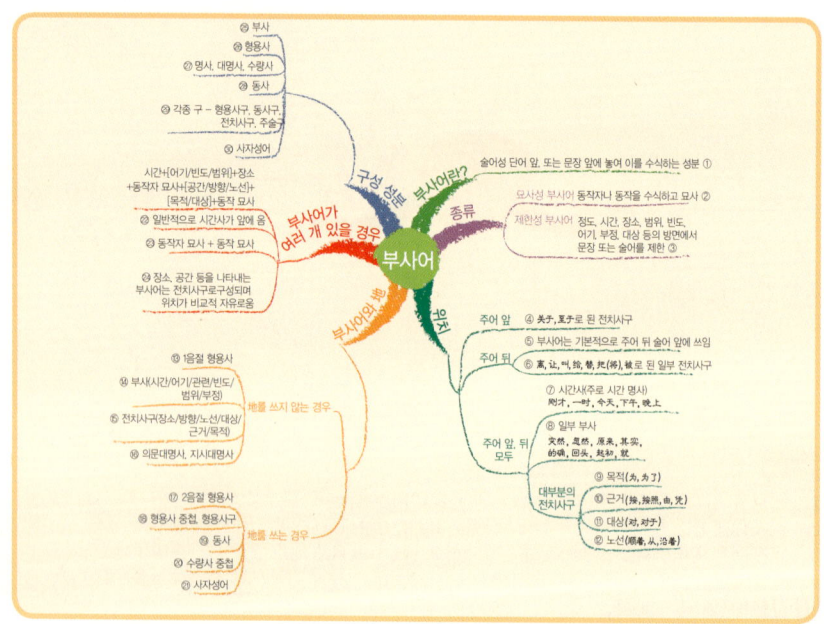

① 부사
② 형용사
③ 명사, 대명사, 수량사
④ 동사
⑤ 각종 구 - 형용사구, 동사구, 전치사구, 주술구
⑥ 사자성어

구성 성분

부사어란?
술어성 단어 앞, 또는 문장 앞에 놓여 이를 수식하는 성분 ①

종류
묘사성 부사어 동작자나 동작을 수식하고 묘사 ②
제한성 부사어 정도, 시간, 장소, 범위, 빈도, 어기 부정, 대상 등의 방면에서 문장 또는 술어를 제한 ③

부사어

부사어가 여러 개 있을 경우

시간[어기/빈도/범위]+장소+동작자 묘사[공간/방향/노선]+[목적/대상]+동작 묘사
① 일반적으로 시간사가 앞에 옴
② 동작자 묘사 + 동작 묘사
③ 장소, 공간 등을 나타내는 부사어는 전치사구로구성되며 위치가 비교적 자유로움

地를 쓰지 않는 경우
⑧ 1음절 형용사
⑨ 부사(시간/어기/관련/빈도/범위/부정)
⑩ 전치사구(장소/방향/노선/대상/근거/목적)
⑪ 의문대명사, 지시대명사

地를 쓰는 경우
⑫ 2음절 형용사
⑬ 형용사 중첩, 형용사구
⑭ 동사
⑮ 수량사 중첩
⑯ 사자성어

위치

주어 앞
④ 关于, 至于로 된 전치사구
⑤ 부사어는 기본적으로 주어 뒤 술어 앞에 쓰임
주어 뒤
⑥ 离, 让, 叫, 给, 替, 把(将), 被로 된 일부 전치사구

주어 앞, 뒤 모두
⑦ 시간사주로 시간 명사)
刚才, 一会, 今天, 下午, 晚上
⑧ 일부 부사
突然, 忽然, 原来, 其实, 的确, 回来, 然后, 就

대부분의 전치사구
⑨ 목적(为, 为了)
⑩ 근거(按, 按照, 由, 凭)
⑪ 대상(对, 对于)
⑫ 노선(顺着, 从, 沿着)

1. 昨天我们都去。
2. 他像个孩子一样高兴。(동작자 묘사)
3. 认识你，我很高兴。(정도)
4. 关于这件事，你别提了。
5. 他已经看过这本书了。
6. 我家离公司不太远。
7. 你刚才说什么？
8. 突然他进来了。
9. 为了身体健康，他每天去健身房。
10. 按照学生的要求，学校开了韩语班。
11. 对于中国人来说春节是最大的节日。
12. 沿着这条路你一直走就到银行。
13. 你别客气，多吃点儿吧。
14. 到底你想怎么办？
15. 他在网吧玩电脑呢。
16. 为什么这样做？

17. 再仔细(地)看一遍吧。
18. 孩子们高高兴兴地跑了出去。
19. 雨不停地下。
20. 办事的时候，要一件一件地办。
21. 我不由自主地点了点头，答应了他。
22. 他正在急急忙忙地往家里打电话。
23. 她费力地一口一口吃下去了。
24. 我认真地在图书馆准备公务员考试。
25. 王老师已经走了。
26. 他热情地帮过我们。
27. 这件事你怎么还不知道？
28. 医生关切地询问病人现在的情况。
29. 那儿的人非常热烈地迎接了我们。
30. 自己的孩子出车祸了，
    你怎么只是若无其事地说说？

10. 보어의 종류 (87p)

⑥ 给, 在, 向, 往, 到, 自, 于 등의 전치사로 구성된 전치사구가 술어 뒤에 놓여 대상, 시간, 장소, 출처, 방향, 비교, 원인 등을 보충 설명해 줌

전치사구보어

① 술어(동사) 뒤에 놓여 술어가 나타내는 동작의 변화나 결과를 나타냄

결과보어

⑤ 술어(동사, 형용사) 뒤에 수량사를 써서 동작이나 변화에 대한수량, 시간, 횟수 등을 나타냄

수량보어

보어의 종류

방향보어

② 술어(동사, 형용사) 뒤에 놓여 동작의 방향을 나타내거나 여러 가지 파생된 의미를 나타냄

④ 술어(동사, 형용사) 뒤에 쓰여 동작이나 상태의 정도를 나타내거나 묘사, 평가함

정도보어

가능보어

③ 술어와 결과보어 또는 방향보어 사이에 得나 不를 써서 동작의 실현 가능이나 실현 불가능을 나타냄

예문

1. 吃饱了。
2. 跑来。
3. 看得懂。
4. 吃得很多。
5. 听两次。
6. 这件礼物送给你。

11. 결과보어 (88p)

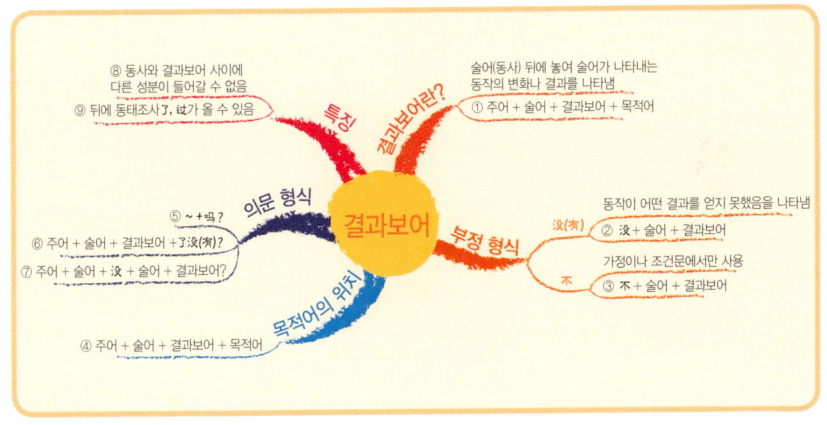

동사와 결과보어 사이에
다른 성분이 들어갈 수 없음
⑧ 뒤에 동태조사 了, 过가 올 수 있음

술어(동사) 뒤에 놓여 술어가 나타내는
동작의 변화나 결과를 나타냄
① 주어 + 술어 + 결과보어 + 목적어

특징

결과보어란?

⑤ ~ + 吗?
의문 형식

⑥ 주어 + 술어 + 결과보어 + 了;没(有)?

⑦ 주어 + 술어 + 没 + 술어 + 결과보어?

결과보어

부정 형식

没(有)
동작이 어떤 결과를 얻지 못했음을 나타냄
② 没 + 술어 + 결과보어

不
가정이나 조건문에서만 사용
③ 不 + 술어 + 결과보어

목적어의 위치

④ 주어 + 술어 + 결과보어 + 목적어

예문

1. 吃饱了。
2. 对不起，没听懂。
3. 我不买到演唱会的票，就不回家。
4. 我打错电话了。
5. 你喝完了吗？
6. 你喝完了没有？
7. 你喝没喝完？
8. 我吃好了。(○) 我吃了好。(X)
9. 她从来没吃完过一碗冷面。

12. 방향보어 (92p)

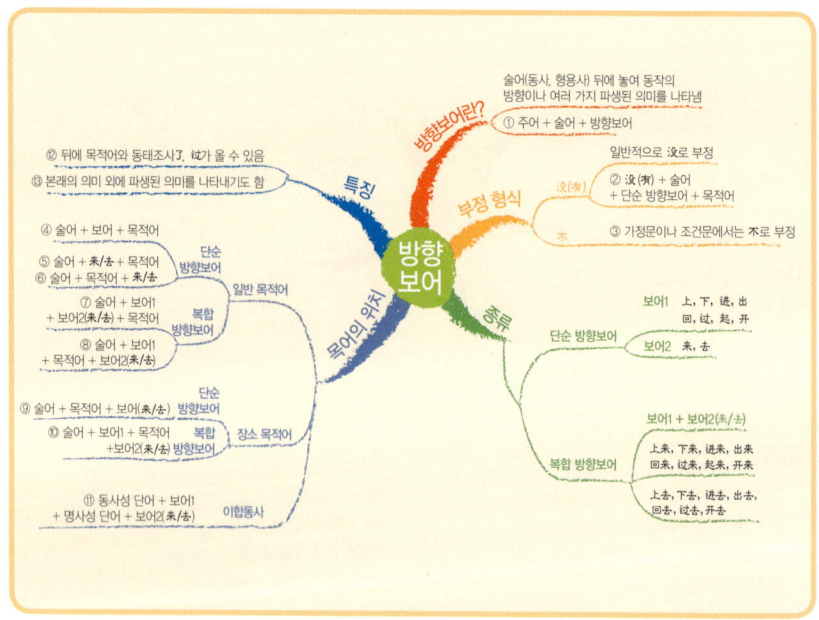

방향보어란? 술어(동사, 형용사) 뒤에 놓여 동작의 방향이나 여러 가지 파생된 의미를 나타냄

① 주어 + 술어 + 방향보어

부정 형식

일반적으로 没로 부정

没(有) ② 没(有) + 술어 + 단순 방향보어 + 목적어

不 ③ 가정문이나 조건문에서는 不로 부정

특징
⑫ 뒤에 목적어와 동태조사 了, 过가 올 수 있음
⑬ 본래의 의미 외에 파생된 의미를 나타내기도 함

목적어의 위치

일반 목적어

단순 방향보어
④ 술어 + 보어 + 목적어
⑤ 술어 + 来/去 + 목적어
⑥ 술어 + 목적어 + 来/去

복합 방향보어
⑦ 술어 + 보어2(来/去) + 목적어
⑧ 술어 + 보어1 + 목적어 + 보어2(来/去)

장소 목적어

단순 방향보어
⑨ 술어 + 목적어 + 보어(来/去)

복합 방향보어
⑩ 술어 + 보어 + 목적어 + 보어2(来/去)

이합동사
⑪ 동사성 단어 + 보어1 + 명사성 단어 + 보어2(来/去)

종류

단순 방향보어
보어1 上, 下, 进, 出
回, 过, 起, 开
보어2 来, 去

복합 방향보어
보어1 + 보어2(来/去)
上来, 下来, 进来, 出来
回来, 过来, 起来, 开来
上去, 下去, 进去, 出去
回去, 过去, 开去

1. 停下了。
2. 她不在，还没回来。
3. 你不闭上眼睛，我就不告诉你。
4. 姐姐寄来了一封信。
5. 拿来了一个鸡蛋。
6. 拿一个鸡蛋来。
7. 想出来一个办法。
8. 想出一个办法来。
9. 进教室来。
10. 跑上楼去。
11. 唱起歌来。
12. 妈妈送来了很多好吃的东西。
13. 明年一定会好起来的。

13. 방향보어와 목적어의 위치 (94p)

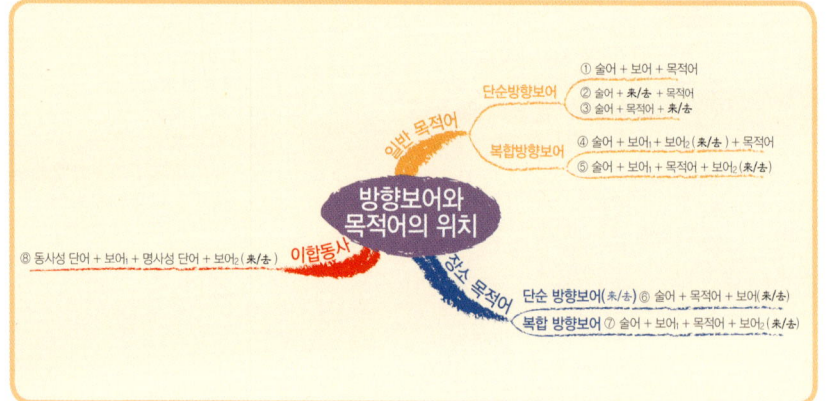

예문

1. 姐姐寄来了一封信。
2. 拿来了一个鸡蛋。
3. 拿一个鸡蛋来。
4. 想出来一个办法。
5. 想出一个办法来。
6. 进教室来。
7. 跑上楼去。
8. 唱起歌来。

14. 가능보어 (100p)

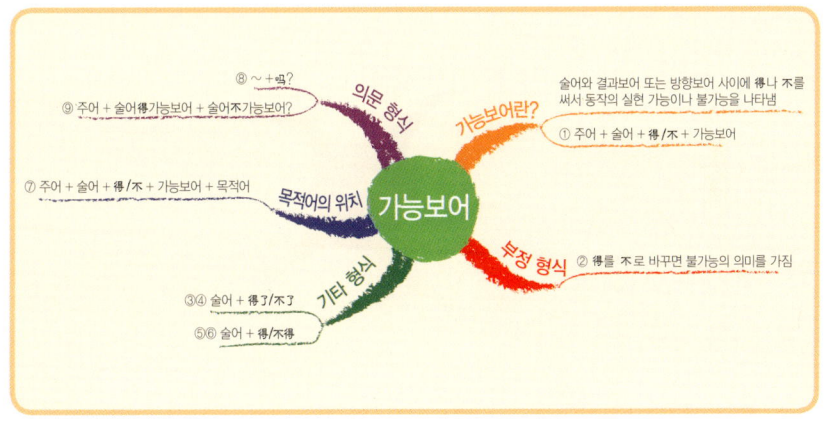

- ⑧ ~ + 吗?
- ⑨ 주어 + 술어得가능보어 + 술어不가능보어?
- **의문 형식**
- ⑦ 주어 + 술어 + 得/不 + 가능보어 + 목적어
- **목적어의 위치**
- **가능보어**
- **가능보어란?** 술어와 결과보어 또는 방향보어 사이에 得나 不를 써서 동작의 실현 가능이나 불가능을 나타냄
  - ① 주어 + 술어 + 得/不 + 가능보어
- **부정 형식** ② 得를 不로 바꾸면 불가능의 의미를 가짐
- **기타 형식**
  - ③④ 술어 + 得了/不了
  - ⑤⑥ 술어 + 得/不得

예문

1. 看得懂。
2. 作业太多, 一天做不完。 / 看不懂。
3. 这些菜我一个人吃得了。
4. 这些菜我一个人吃不了。
5. 这个节目, 小孩子看得。
6. 这个节目, 小孩子看不得。
7. 现在去买得到票吗?
8. 你听得懂他的话吗?
9. 你听得懂听不懂他的话?

15. 정도보어 (104p)

정도보어란?
술어 (동사, 형용사) 뒤에 쓰여 동작이나 상태의 정도를 나타내거나 묘사, 평가함

① 주어 + 술어 + 得 + 정도보어

의문 형식
⑨ ~ + 吗?
⑩ 술어 + 得 + 정도보어 不 정도보어?

목적어의 위치
⑦ 주어 + (술어) + 목적어 + 술어 + 得 + 정도보어
⑧ 목적어를 강조하거나 목적어가 복잡할 경우 목적어를 주어 앞에 놓을 수 있음

종류 / 술어
③ 极了, 死了, 坏了, 透了
④ 得很, 得多, 多了
⑤ 得 + 要命, 要死, 不行, 不得了
⑥ 得 + 慌

부정 형식
② 술어 + 得 + 不 + 정도보어

예문

1. 吃得很多。
2. 这个周末，他休息得不好。
3. 你也去吗？那好极了。
4. 今年夏天热得很。
5. 最近忙得要命。
6. 那件事让人烦得慌。
7. 他(说)汉语说得很流利。
8. 汉语，他说得很流利。
9. 他跑得快吗？
10. 他跑得快不快？

16. 동량보어 (109p)

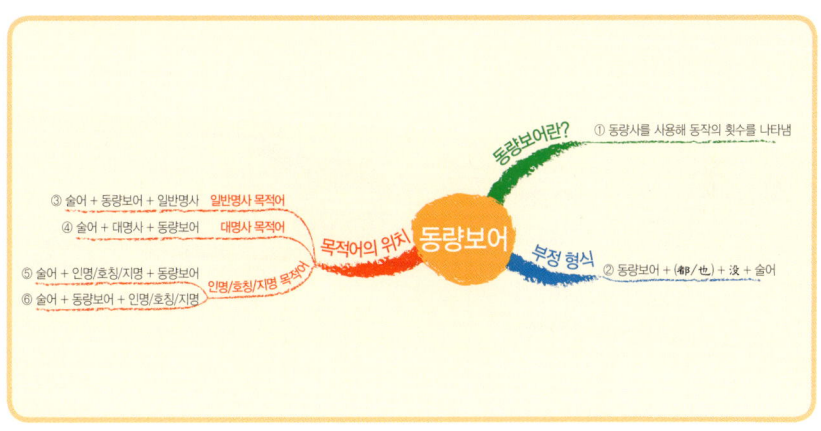

- 동량보어란? ① 동량사를 사용해 동작의 횟수를 나타냄
- 동량보어
  - 부정 형식 ② 동량보어 + (都/也) + 没 + 술어
  - 목적어의 위치
    - 일반명사 목적어 ③ 술어 + 동량보어 + 일반명사
    - 대명사 목적어 ④ 술어 + 대명사 + 동량보어
    - 인명/호칭/지명 목적어
      - ⑤ 술어 + 인명/호칭/지명 + 동량보어
      - ⑥ 술어 + 동량보어 + 인명/호칭/지명

예문

1. 学了一遍。
2. 搬家以后，我们一次也没见过。
3. 我看了三遍历史书。
4. 老师叫我好几遍，我都没听到。
5. 他找过小王两次，他都不在。
6. 他找过两次小王，他都不在。

17. 시량보어 (112p)

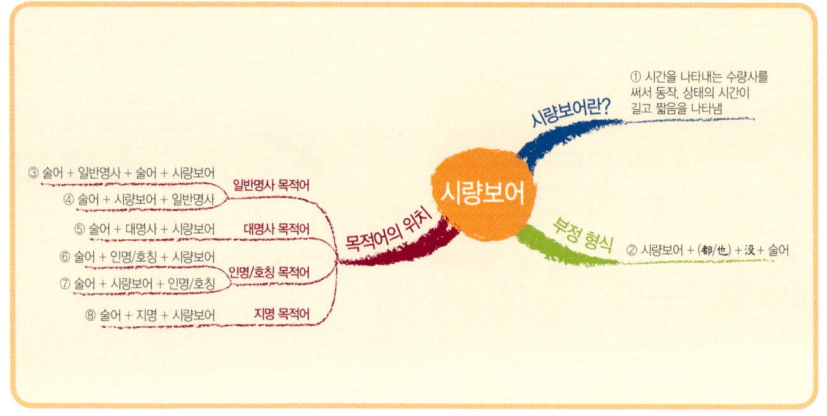

시량보어란?

① 시간을 나타내는 수량사를 써서 동작, 상태의 시간이 길고 짧음을 나타냄

시량보어

목적어의 위치

③ 술어 + 일반명사 + 술어 + 시량보어　일반명사 목적어
④ 술어 + 시량보어 + 일반명사
⑤ 술어 + 대명사 + 시량보어　대명사 목적어
⑥ 술어 + 인명/호칭 + 시량보어　인명/호칭 목적어
⑦ 술어 + 시량보어 + 인명/호칭
⑧ 술어 + 지명 + 시량보어　지명 목적어

부정 형식

② 시량보어 + (都/也) + 没 + 술어

예문

1. 等了二十分钟。
2. 在这家饭店，我一天也没住过。
3. 我看电视看了一个小时。
4. 我看了一个小时电视。
5. 他等你半天了，你还在这儿干什么？
6. 我们等一会儿丹丹吧。
7. 我们等丹丹一会儿吧。
8. 我来中国两年多了。

전치사구 보어란?

给, 在, 向, 往, 到, 自, 于 등의 전치사로 구성된 전치사구가 술어 뒤에 놓여 대상, 시간, 장소, 출처, 방향, 비교, 원인 등을 보충 설명해 줌

① 주어 + 술어 + 给 / 在 / 向 / 往 / 到 / 自 / 于

부정 형식

일반적으로 没로 부정하고 了는 사라짐

没 ② 没 + 술어 + 전치사구 보어

不 ③ 가정문이나 조건문에서 不로 부정

목적어의 위치

④ 주어 + 술어 + 전치사구 보어 + 목적어

의문형식

⑤ ~ + 吗?

⑥ 주어 + 술어 + 전치사구 보어 + 了没有?

⑦ 주어 + 술어 没 술어 + 전치사구 보어?

전치사구 보어

예문

1. 这件礼物送给你。
2. 那本书没还给他。
3. 那本书三天内不还给图书馆，你会被罚款。
4. 妈妈递给我一把钥匙。

5. 爸爸回到家了吗？
6. 爸爸回到家了没有？
7. 爸爸没回到家？

명사, 대명사, 수사, 양사, 동사, 형용사, 부사, 전치사, 조사

part 2

01. 시간명사 (126p)

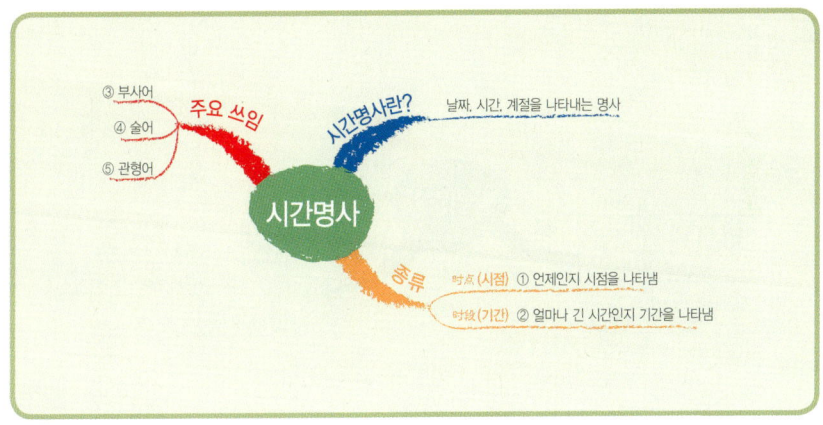

시간명사란? 날짜, 시간, 계절을 나타내는 명사

③ 부사어
④ 술어
⑤ 관형어
주요 쓰임

시간명사

종류
时点 (시점) ① 언제인지 시점을 나타냄
时段 (기간) ② 얼마나 긴 시간인지 기간을 나타냄

예문

1. 八点上班。
2. 上八个小时的班。
3. 明年我去中国。

4. 现在四点。
5. 两年的留学生活特别难忘。

02. 방위명사 (127p)

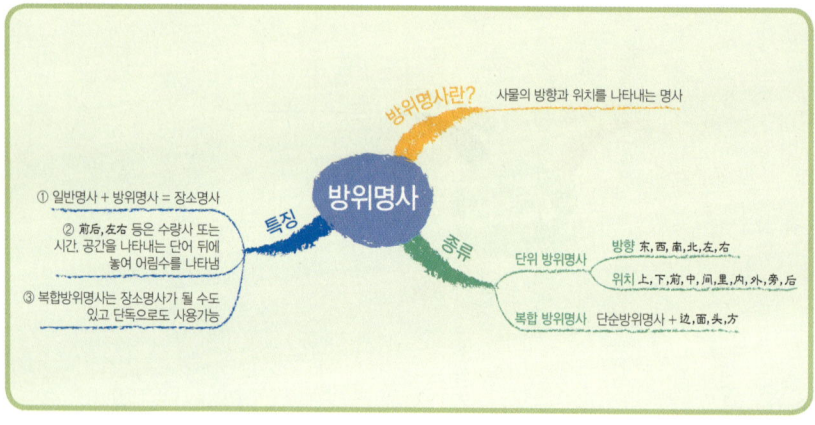

방위명사란? 사물의 방향과 위치를 나타내는 명사

방위명사

특징
① 일반명사 + 방위명사 = 장소명사
② 前后, 左右 등은 수량사 또는 시간, 공간을 나타내는 단어 뒤에 놓여 어림수를 나타냄
③ 복합방위명사는 장소명사가 될 수도 있고 단독으로도 사용가능

종류
단위 방위명사
방향 东,西,南,北,左,右
위치 上,下,前,中,间,里,内,外,旁,后
복합 방위명사 단순방위명사 + 边,面,头,方

예문

1. 桌子+下=桌子下
2. 节日前后 / 八岁左右
3. 右边是我的家。

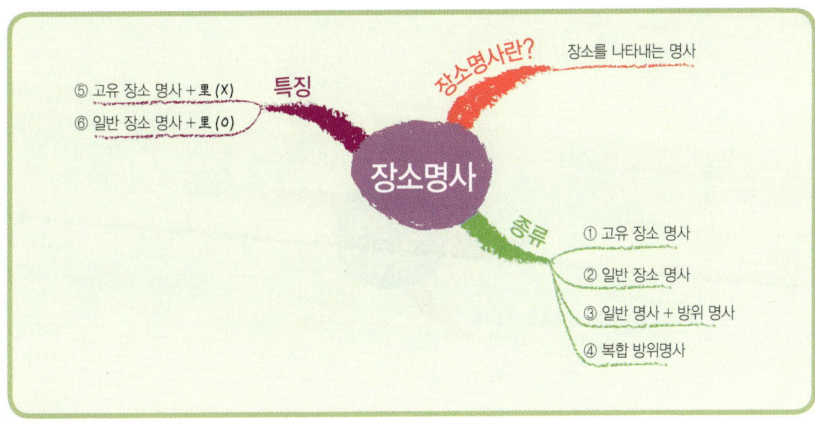

⑤ 고유 장소 명사 + 里 (X)
⑥ 일반 장소 명사 + 里 (O)
특징

장소명사란?
장소를 나타내는 명사

장소명사

종류
① 고유 장소 명사
② 일반 장소 명사
③ 일반 명사 + 방위 명사
④ 복합 방위명사

예문

1. 中国 / 北京饭店
2. 学校 / 食堂 / 图书馆
3. 包+里 → 包里
4. 上面 / 下边 / 里面 / 外边
5. 我在首尔里学习。(X)
6. 我在家里学习。(O)

마인드맵으로 그려낸 문장이의 중국어 어법 교과서

명사의 특징

① 수량사의 수식을 받음

② 대명사, 형용사, 동사와 다른 명사의 수식을 받음

③ 일반적으로 부사의 수식을 받지 않음

④ 명사가 중첩 되었을 때 '하나도 예외없이 모두'라는 의미를 가짐

⑤ 수량을 표시하는 단어의 수식을 받을때는 们을 사용하지 않음

예문

1. 两个人
2. 漂亮的衣服 / 中国的首都
3. 很笔(X)
4. 人人都有。
5. 三个朋友们。(X)

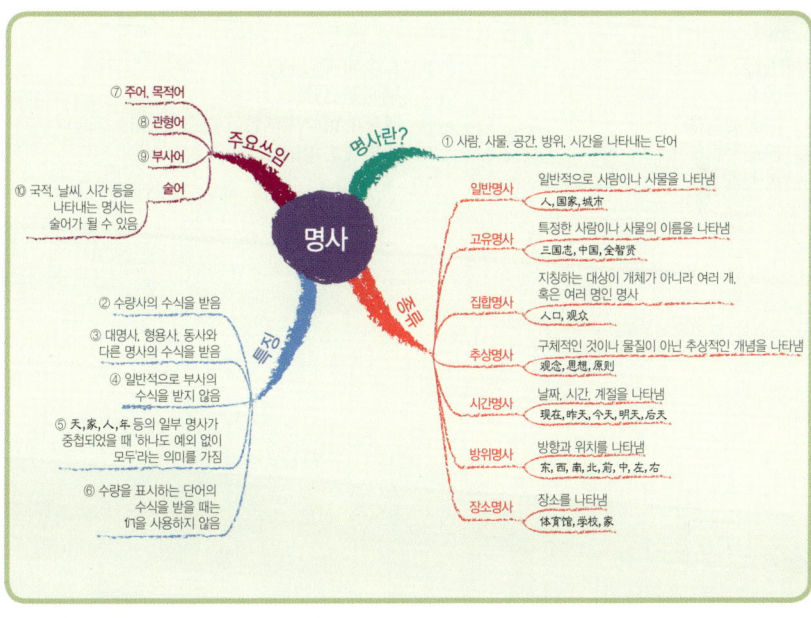

명사

명사란?
- ① 사람, 사물, 공간, 방위, 시간을 나타내는 단어

종류
- 일반명사 — 일반적으로 사람이나 사물을 나타냄
  - 人, 国家, 城市
- 고유명사 — 특정한 사람이나 사물의 이름을 나타냄
  - 三国志, 中国, 金智贤
- 집합명사 — 지칭하는 대상이 개체가 아니라 여러 개, 혹은 여러 명인 명사
  - 人口, 观众
- 추상명사 — 구체적인 것이나 물질이 아닌 추상적인 개념을 나타냄
  - 观念, 思想, 原则
- 시간명사 — 날짜, 시간, 계절을 나타냄
  - 现在, 昨天, 今天, 明天, 后天
- 방위명사 — 방향과 위치를 나타냄
  - 东, 西, 南, 北, 前, 中, 左, 右
- 장소명사 — 장소를 나타냄
  - 体育馆, 学校, 家

주요쓰임
- ⑦ 주어, 목적어
- ⑧ 관형어
- ⑨ 부사어
- 술어
- ⑩ 국적, 날씨, 시간 등을 나타내는 명사는 술어가 될 수 있음

특징
- ② 수량사의 수식을 받음
- ③ 대명사, 형용사, 동사와 다른 명사의 수식을 받음
- ④ 일반적으로 부사의 수식을 받지 않음
- ⑤ 天, 家, 人, 年 등의 일부 명사가 중첩되었을 때 '하나도 예외 없이 모두'라는 의미를 가짐
- ⑥ 수량을 표시하는 단어의 수식을 받을 때는 们를 사용하지 않음

마인드맵으로 그려내는 청소년의 중국어 어법 교과서

예문

1. 电影，笔，花
2. 两个人
3. 漂亮的衣服
4. 很笔 (✕)
5. 人人都有。

6. 三个朋友们。(✕)
7. 妈妈是老师。
8. 两年的留学生活特别难忘。
9. 明年我去中国。
10. 后天春节。

06. 인칭대명사 (135p)

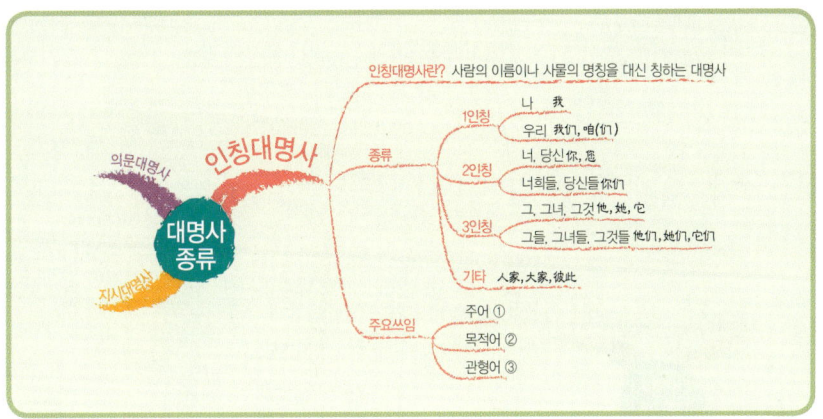

- 인칭대명사란? 사람의 이름이나 사물의 명칭을 대신 칭하는 대명사
- 대명사 종류
  - 인칭대명사
    - 종류
      - 1인칭
        - 나 我
        - 우리 我们, 咱(们)
      - 2인칭
        - 너, 당신你, 您
        - 너희들, 당신들你们
      - 3인칭
        - 그, 그녀, 그것他, 她, 它
        - 그들, 그녀들, 그것들他们, 她们, 它们
      - 기타 人家, 大家, 彼此
    - 주요쓰임
      - 주어 ①
      - 목적어 ②
      - 관형어 ③
  - 의문대명사
  - 지시대명사

예문

1. 我是韩国人。
2. 谁叫我？
3. 我妹妹是大学生。

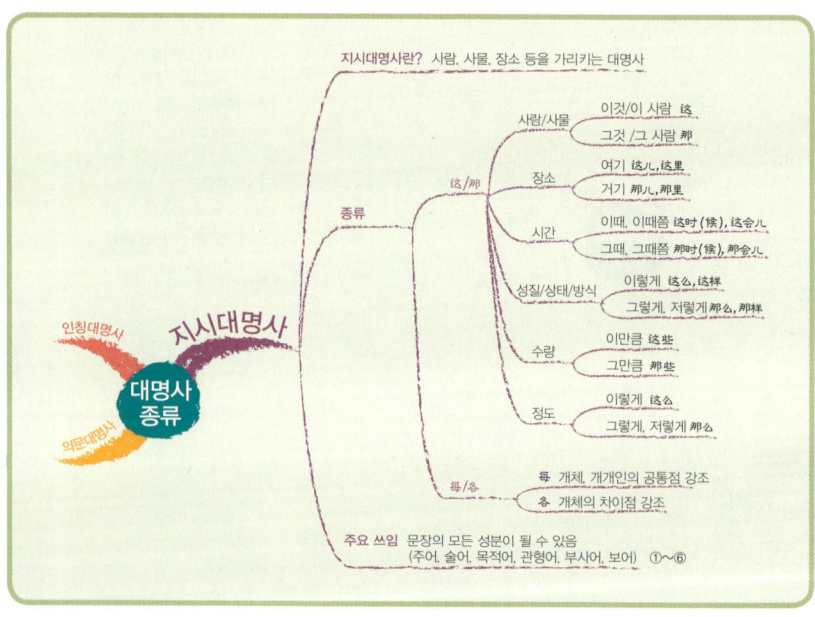

지시대명사란? 사람. 사물. 장소 등을 가리키는 대명사

종류

这/那

사람/사물
이것/이 사람 这
그것 /그 사람 那

장소
여기 这儿,这里
거기 那儿,那里

시간
이때, 이때쯤 这时(候), 这会儿
그때, 그때쯤 那时(候), 那会儿

성질/상태/방식
이렇게 这么,这样
그렇게, 저렇게 那么, 那样

수량
이만큼 这些
그만큼 那些

정도
이렇게 这么
그렇게, 저렇게 那么

每/各
每 개체, 개개인의 공통점 강조
各 개체의 차이점 강조

주요 쓰임 문장의 모든 성분이 될 수 있음
(주어, 술어, 목적어, 관형어, 부사어, 보어) ①~⑥

지시대명사

인칭대명사

대명사
종류

의문대명사

38

1. 那儿就是我的学校。(주어)
2. 他时时这样。(술어)
3. 我的学校就在那儿。(목적어)

4. 这儿的冬天比较短。(관형어)
5. 你为什么这样做? (부사어)
6. 他总是做得那么好。(보어)

08. 의문대명사 (141p)

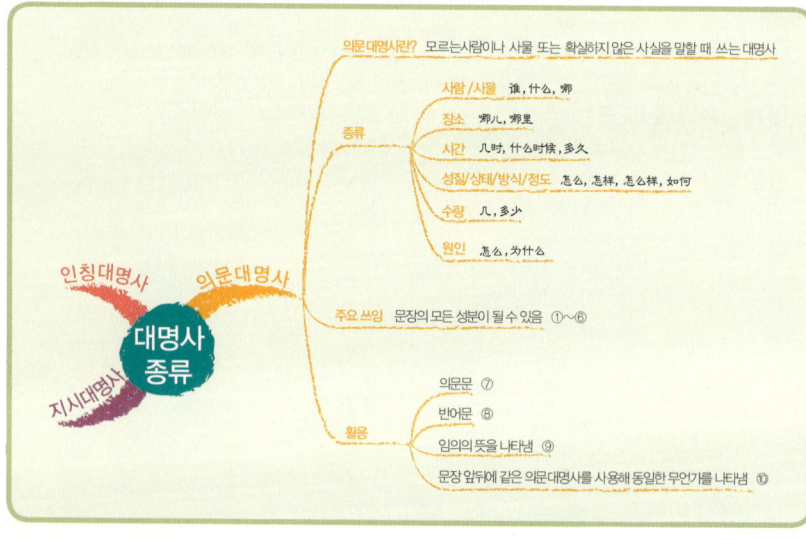

의문대명사란? 모르는 사람이나 사물 또는 확실하지 않은 사실을 말할 때 쓰는 대명사

종류

사람 / 사물　谁, 什么, 哪

장소　哪儿, 哪里

시간　几时, 什么时候, 多久

성질/상태/방식/정도　怎么, 怎样, 怎么样, 如何

수량　几, 多少

원인　怎么, 为什么

주요 쓰임　문장의 모든 성분이 될 수 있음　①～⑥

활용

의문문　⑦

반어문　⑧

임의의 뜻을 나타냄　⑨

문장 앞뒤에 같은 의문대명사를 사용해 동일한 무언가를 나타냄　⑩

인칭대명사

의문대명사

지시대명사

대명사
종류

1. 谁是你的男朋友？(주어)
2. 今天天气怎么样？(술어)
3. 你想吃什么？(목적어)
4. 你喜欢什么颜色？(관형어)
5. 你怎么不吃呢？(부사어)

6. 他长得怎么样？(보어)
7. 你去哪儿？
8. 谁说我没有男朋友？（我有男朋友。）
9. 谁都知道我是你的女朋友。
10. 你想买什么，就买什么。

09. 대명사 전체 지도 (145p)

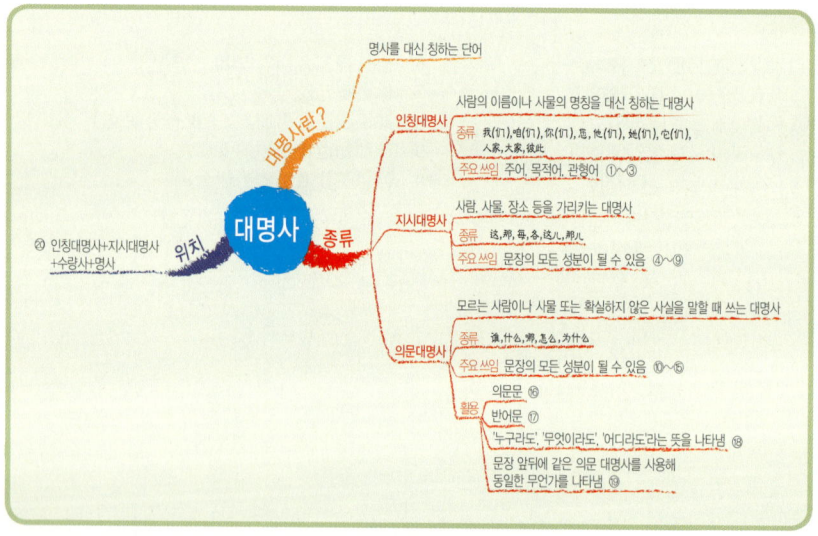

- 대명사란?
  - 명사를 대신 칭하는 단어

- 대명사

- 종류
  - 인칭대명사
    - 사람의 이름이나 사물의 명칭을 대신 칭하는 대명사
    - 종류 我(们), 咱(们), 你(们), 他, 他(们), 她(们), 它(们), 人家, 大家, 谁此
    - 주요 쓰임 주어, 목적어, 관형어 ①~③
  - 지시대명사
    - 사람, 사물, 장소 등을 가리키는 대명사
    - 종류 这, 那, 每, 各, 这儿, 那儿
    - 주요 쓰임 문장의 모든 성분이 될 수 있음 ④~⑨
  - 의문대명사
    - 모르는 사람이나 사물 또는 확실하지 않은 사실을 말할 때 쓰는 대명사
    - 종류 谁, 什么, 哪, 怎么, 为什么
    - 주요 쓰임 문장의 모든 성분이 될 수 있음 ⑩~⑯
    - 활용
      - 의문문 ⑯
      - 반어문 ⑰
      - '누구라도', '무엇이라도', '어디라도'라는 뜻을 나타냄 ⑱
      - 문장 앞뒤에 같은 의문 대명사를 사용해 동일한 무언가를 나타냄

- 위치
  - ㉑ 인칭대명사+지시대명사 +수량사+명사

1. 我是韩国人。(주어)
2. 谁叫我？(목적어)
3. 我妹妹是大学生。(관형어)
4. 那儿就是我的学校。(주어)
5. 他时时这样。(술어)
6. 我的学校就在那儿。(목적어)
7. 这儿的冬天比较短。(관형어)
8. 你为什么这样做？(부사어)
9. 他总是做得那么好。(보어)
10. 谁是你的男朋友？(주어)

11. 今天天气怎么样？(술어)
12. 你想吃什么？(목적어)
13. 你喜欢什么颜色？(관형어)
14. 你怎么不吃呢？(부사어)
15. 他长得怎么样？(보어)
16. 你去哪儿？
17. 谁说我没有男朋友？(我有男朋友。)
18. 谁都知道我是你的女朋友。
19. 你想买什么，就买什么。
20. 我们这三个人。

10. 수사 (149p)

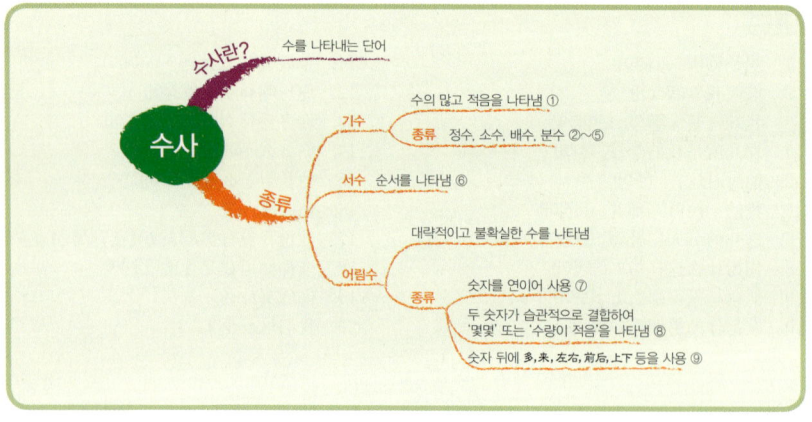

수사란? 수를 나타내는 단어

수사

종류

기수 수의 많고 적음을 나타냄 ①
　　　종류 정수, 소수, 배수, 분수 ②~⑤

서수 순서를 나타냄 ⑥

어림수 대략적이고 불확실한 수를 나타냄
　　　종류 숫자를 연이어 사용 ⑦
　　　두 숫자가 습관적으로 결합하여
　　　'몇몇' 또는 '수량이 적음'을 나타냄 ⑧
　　　숫자 뒤에 多,未,左右,前后,上下 등을 사용 ⑨

1. 一, 二, 三, 四
2. 4008-四千零八 / 一百, 一千, 一万 / 4500-四千五(百) / 318房间→三一八房间 (정수)
3. 20.56[èrshídianwùliù] (소수)
4. 十是五的两倍。/ 增加到两倍。/ 增加了一倍。(배수)
5. 3/8 = 八分之三 (분수)
6. 第一, 第二…
7. 七八个 (★九와 十, 十와 十一는 연이어 사용할 수 없음)
8. 一两 / 两三 / 三五
9. 一个多小时 / 三个来月 / 五万左右 / 春节前后 / 五十岁上下

11. 양사 (155p)

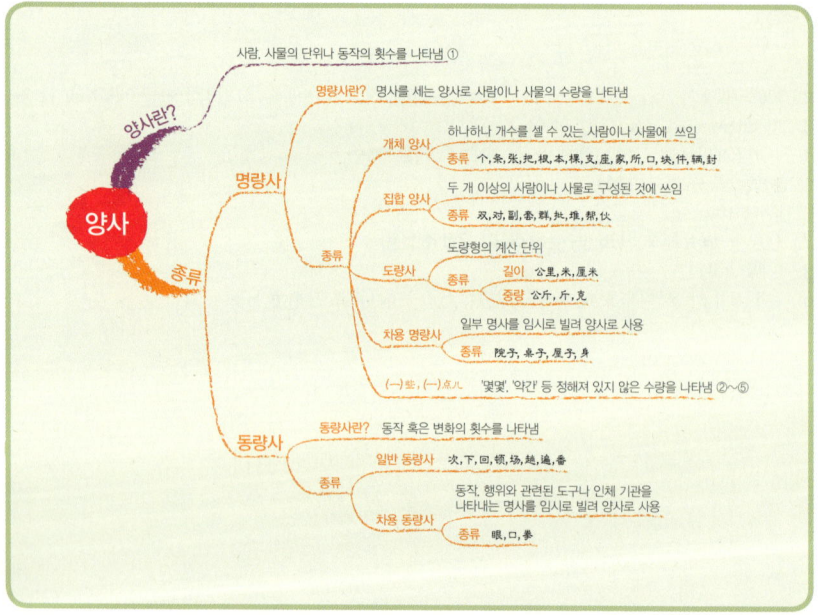

양사

양사란?
사람, 사물의 단위나 동작의 횟수를 나타냄 ①

종류

명량사

명량사란? 명사를 세는 양사로 사람이나 사물의 수량을 나타냄

종류

개체 양사 하나하나 개수를 셀 수 있는 사람이나 사물에 쓰임
종류 个,条,张,把,根,本,棵,支,座,家,所,口,块,件,辆,封

집합 양사 두 개 이상의 사람이나 사물로 구성된 것에 쓰임
종류 双,对,副,套,群,批,堆,帮,伙

도량사 도량형의 계산 단위
종류 길이 公里,米,厘米
중량 公斤,斤,克

차용 명량사 일부 명사를 임시로 빌려 양사로 사용
종류 院子,桌子,屋子,身

(一)些, (一)点儿 '몇몇', '약간' 등 정해져 있지 않은 수량을 나타냄 ②~⑤

동량사

동량사란? 동작 혹은 변화의 횟수를 나타냄

종류

일반 동량사 次,下,回,顿,场,趟,遍,番

차용 동량사 동작 행위와 관련된 도구나 인체 기관을
나타내는 명사를 임시로 빌려 양사로 사용
종류 眼,口,拳

46

1. 一块巧克力
2. 一些人
3. 一点儿水果。
4. 吃一些。
5. 我要大(一)点儿的。

목적어를 가질 수 없는 동사

이합동사, 자동사

⑤ 帮忙, 结婚, 毕业, 旅行, 送行

일반적으로 명사, 대명사를 목적어로 가짐 ①

동사와 목적어

동사, 형용사, 구만을 목적어로 갖는 동사

准备, 开始, 进行, 受到, 继续,
希望, 感到, 感觉, 觉得 ②

[给以, 加以, 难以, 得以] + 2음절 동사 ③

두 개의 목적어를 갖는 동사

④ 给, 送, 租, 借, 卖, 还, 告诉,
通知, 报告, 求, 教, 问, 赔, 称, 叫

예문

1. 我看书。
2. 开始讨论。
3. 给以表扬。
4. 我租了房东一个房间。
5. 帮忙他。(×)

13. 동사의 특징 (168p)

⑤ 부정할 때는 동사 앞에 不또는沒를 씀

중첩 가능 ①

④ 뒤에 보어가 올 수 있음

동사의 특징

③ 뒤에 동태조사 了, 着, 过가 올 수 있음

직접 부사의 수식을 받음 ②

예문

1. 听听 / 研究研究 / 帮帮忙
2. 我刚回家。
3. 看了 / 躺着 / 来过
4. 吃好 / 跑上去 / 走不了 / 喝得不多 / 问过两次
5. 妈妈不在, 孩子不停地哭。/ 没听懂。

14. 동사의 중첩 (169p)

⑪ 부정 형식에 쓰지 않음
⑫ 중첩된 동사는 주로 술어로 쓰임
⑬ 보어를 쓰지 않음
⑭ 진행 중임을 나타낼 때는 동사를 중첩할 수 없음
⑮ 심리 상태, 판단, 소유, 존재를 나타내는 동사는 중첩할 수 없음

특징

중첩 방식

1음절 AA, A一A, A了A, A了一A ④~⑦
2음절 ABAB, AB来AB去 ⑧ ⑨
이합동사 AAB(동사만 중첩) ⑩

동사중첩

의미

시도해보다 ①
잠시 ~하다 (동작의 시간이 짧음) ②
좀 ~하다 (말투를 부드럽게 해줌) ③

예문

1. 这件衣服怎么样？你试一试。
2. 我看看问题就知道了。
3. 请给我看一看。
4. 等等 / 走走
5. 想一想 / 找一找
6. 看了看 / 笑了笑
7. 听了一听 / 想了一想
8. 休息休息 / 讨论讨论
9. 考虑来考虑去 / 研究来研究去
10. 见面：见见面 / 跳舞：跳跳舞
11. 我不看看。(X)
12. 你快说说。
13. 我看看完了。(X)
14. 我正在做做功课呢。(X)
15. 我爱爱家人。(X)

15. 조동사 (173p)

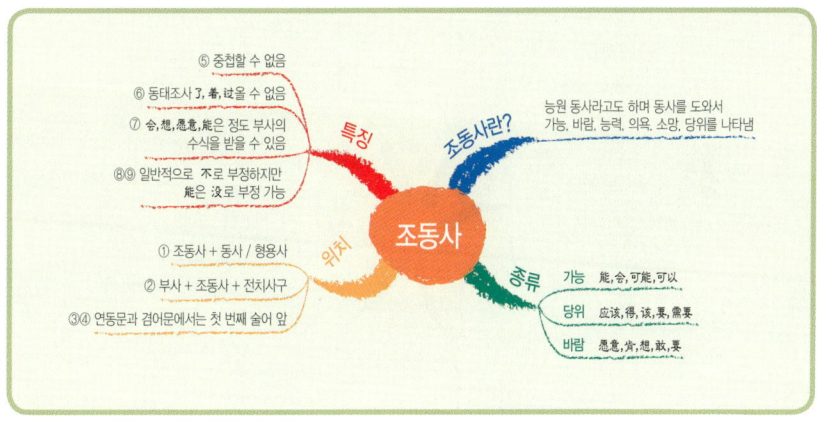

- ⑤ 중첩할 수 없음
- ⑥ 동태조사 了, 着, 过를 쓸 수 없음
- ⑦ 会, 想, 愿意, 能은 정도 부사의 수식을 받을 수 있음
- ⑧⑨ 일반적으로 不로 부정하지만 能은 没로 부정 가능

특징

조동사란? 능원 동사라고도 하며 동사를 도와서 가능, 바람, 능력, 의욕, 소망, 당위를 나타냄

조동사

위치
- ① 조동사 + 동사 / 형용사
- ② 부사 + 조동사 + 전치사구
- ③④ 연동문과 겸어문에서는 첫 번째 술어 앞

종류
- 가능 能, 会, 可能, 可以
- 당위 应该, 得, 该, 要, 需要
- 바람 愿意, 肯, 想, 敢, 要

예문

1. 我想去中国。
2. 我一定会跟你走。
3. 我要去韩国学韩语。(연동문)
4. 大家要请他唱歌。(겸어문)
5. 你能能教汉语吗？(X)
6. 我会了开车。(X)
7. 我很想去你那儿。
8. 我不能一个人去。
9. 我没能去上海。

동사

조동사 (조사쓰임?)
- 술어
- 보어
- 종류
  - ①~⑧ 가능, 당위, 바람
  - 능원 동사라고도 하여 동사를 도와서 가능, 바람, 능력, 의무, 소망, 당위를 나타냄
- 위치
  - ① 조동사 + 동사/형용사
  - ② 부사 + 조동사 + 전치사구
  - ③④ 연동문과 겸어문에서는 첫 번째 술어 앞
- 특징
  - 중첩할 수 없음
  - ⑤ 了, 着, 过 올 수 없음
  - 令, 想, 愿意, 能은 정도부사의 수식을 받을 수 있음
  - 일반적으로 不로 부정하지만 能은 没 또는 没有로 부정 가능

이합동사
- ⑥ 동사와 명사가 합쳐져 하나의 뜻을 나타냄
- ⑦ [전치사 + 명사 + 이합동사] 형태로 잘 구성됨
  (跟老师见面。)

동사란? 사람·사물의 동작, 변화, 존재 등을 나타냄 ①

동사와 목적어
- 일반적으로 명사, 대명사를 목적어로 가짐 ②
- 동사, 형용사, 구만을 목적어로 갖는 동사 ③
  (准备, 开始, 进行)
- 두 개의 목적어를 갖는 동사 (给, 问, 租) ④
- 목적어를 가질 수 없는 동사 ⑤
  (帮忙, 结婚, 毕业)

동사의 특징
- 동사는 중첩 가능
- 직접 부사의 수식을 받음
- 뒤에 동태조사 了, 着, 过가 올 수 있음 ⑧
- 뒤에 보어가 올 수 있음 ⑨
- 부정할 때는 동사 앞에 不 또는 没를 씀 ⑩

중첩방식
- 1음절 AA, A一A, A了A, A了一A ⑭~⑰
- 2음절 ABAB, AB来AB去 ⑱
- 이합동사 AAB(동사만 중첩) ⑳

중첩의미
- 시도해보다 ⑪
- 잠시 ~하다 ⑫
- 좀 ~하다 ⑬

중첩특징
- 부정 형식에 쓰지 않음 ㉑
- 중첩된 동사는 주로 술어로 쓰임 ㉒
- 보어가 있는 문장에서 동사는 중첩할 수 없음 ㉓
- 진행 중임을 나타낼 때는 동사를 중첩할 수 없음 ㉔
- 심리 상태, 판단, 소유, 존재를 나타내는 동사는 중첩할 수 없음 ㉕

1. 我去学校。
2. 我看书。
3. 开始讨论。/ 给以表扬。(✗)
4. 我组了房东一个房间。
5. 帮忙他。(✗)
6. 听听 / 研究研究 / 帮帮忙
7. 我刚回家。
8. 看了 / 躺着 / 来过
9. 吃好 / 跑上去 / 走不了 / 喝得不多 / 问过两次
10. 妈妈不在，孩子不停地哭。/ 没听懂。
11. 这件衣服怎么样？你试一试。
12. 我看看问题就知道了。(동작의 시간이 짧음)
13. 请给我看一看。(말투를 부드럽게 해줌)
14. 等等 / 走走
15. 想一想 / 找一找
16. 看了看 / 笑了笑
17. 听了一听 / 想了一想
18. 休息休息 / 讨论讨论
19. 考虑来考虑去 / 研究来研究去
20. 见面：见见面 / 跳舞：跳跳舞

21. 我不看看。(✗)
22. 你快说说。
23. 我看看完了。(✗)
24. 我正在做做功课呢。(✗)
25. 我爱爱家人。(✗)
26. 见面 / 毕业 / 旅行 / 帮忙 / 结婚 / 离婚 / 聊天 / 生气 / 散步 / 辞职 / 丢脸 / 请客 / 吃惊 / 抽烟 / 吹牛
27. 跟老师见面。
28. 能，会，可能，可以 (가능)
29. 应该，得，该，要，需要 (당위)
30. 愿意，肯，想，敢，要 (바람)
31. 我想去中国。
32. 我一定会跟你走。
33. 我要去韩国学韩语。(연동문)
34. 大家要请他唱歌。(겸어문)
35. 你能能教汉语吗？(✗)
36. 我会了开车。(✗)
37. 我很想去你那儿。
38. 我不能一个人去。
39. 我没能去上海。

17. 형용사 (183p)

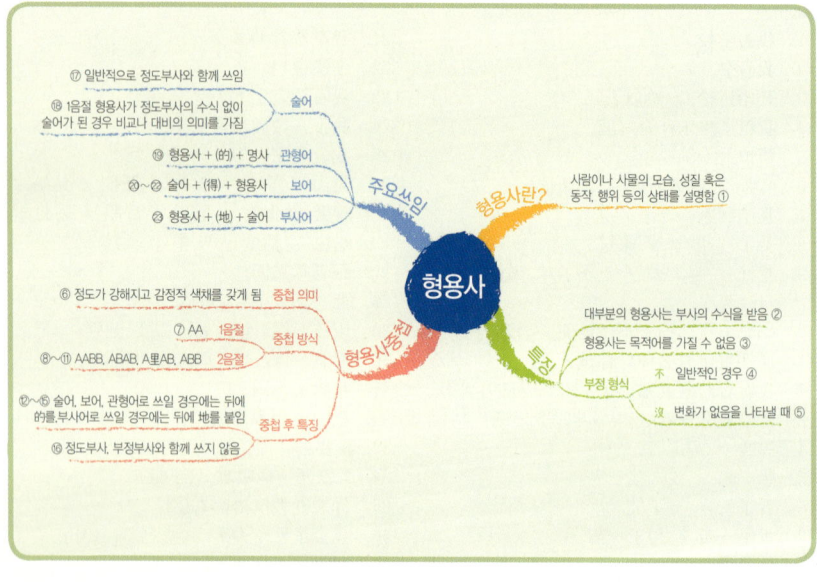

형용사

형용사란? 사람이나 사물의 모습, 성질 혹은 동작, 행위 등의 상태를 설명함 ①

주요쓰임
- ⑰ 일반적으로 정도부사와 함께 쓰임 — 술어
- ⑯ 1음절 형용사가 정도부사의 수식 없이 술어가 된 경우 비교나 대비의 의미를 가짐 — 술어
- ⑲ 형용사 + (的) + 명사 — 관형어
- ⑳~② 술어 + (得) + 형용사 — 보어
- ㉑ 형용사 + (地) + 술어 — 부사어

특징
- 대부분의 형용사는 부사의 수식을 받음 ②
- 형용사는 목적어를 가질 수 없음 ③
- 부정 형식
  - 不 일반적인 경우 ④
  - 没 변화가 없음을 나타낼 때 ⑤

형용사중첩
- **중첩 의미** ⑥ 정도가 강해지고 감정적 색채를 갖게 됨
- **중첩 방식**
  - 1음절 ⑦ AA
  - 2음절 ⑧~⑪ AABB, ABAB, A里AB, ABB
- **중첩 후 특징**
  - ⑫~⑬ 술어, 보어, 관형어로 쓰일 경우에는 뒤에 的를, 부사어로 쓰일 경우에는 뒤에 地를 붙임
  - ⑭ 정도부사, 부정부사와 함께 쓰지 않음

1. 他很帅。
2. 我很高兴。
3. 难汉语。(X)
4. 这件衣服不好看。
5. 病还没好。
6. 兔子有红红的眼睛。
7. 大大 / 小小 / 轻轻 / 重重
8. 漂亮：漂漂亮亮 / 明白：明明白白 /
   清楚：清清楚楚
9. 雪白：雪白雪白 / 明亮：明亮明亮 /
   冰凉：冰凉冰凉
10. 糊里糊涂 / 小里小气 / 土里土气 / 傻里傻气
11. 胖乎乎 / 黑乎乎 / 绿油油 / 红彤彤 / 火辣辣
12. 她的皮肤白白的。(술어)
13. 她长得漂漂亮亮的。(보어)
14. 兔子有长长的耳朵。(관형어)
15. 孩子高高兴兴地唱歌。(부사어)
16. 他的房间很干干净净。(X)
17. 这本书很好。
18. 我高你矮。
19. 温和的人
20. 我终于写好了。(결과보어)
21. 爸爸来得早，妈妈来得晚。(정도보어+비교)
    爸爸来得很早。(정도보어+비교의 의미가 없을 경우)
22. 他跑得快不快？
23. 别着急，慢慢(地)吃吧。

18. 부사 (191p)

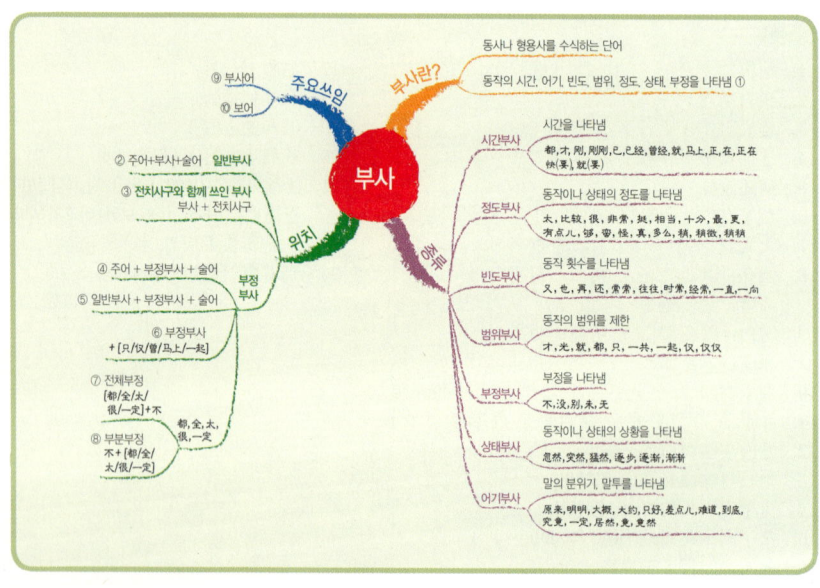

부사

부사란? 동사나 형용사를 수식하는 단어
동작의 시간, 어기, 빈도, 범위, 정도, 상태, 부정을 나타냄 ①

주요쓰임
⑨ 부사어
⑩ 보어

일반부사
② 주어+부사+술어

부사 + 전치사구
③ 전치사구와 함께 쓰인 부사

위치

부정부사
④ 주어 + 부정부사 + 술어
⑤ 일반부사 + 부정부사 + 술어
⑥ 부정부사
+ [又/双/曾/马上/一起]

⑦ 전체부정
[都/全/太/
很/一定]+不

⑧ 부분부정
不+[都/全/
太/很/一定]

都,全,太,
很,一定

시간부사 시간을 나타냄
都,才,刚,刚刚,已,已经,曾经,就,马上,正,在,正在
快(要),就(要)

정도부사 동작이나 상태의 정도를 나타냄
太,比较,很,非常,挺,相当,十分,最,更,
有点儿,够,零,怪,真,多么,稍,稍微,稍稍

빈도부사 동작 횟수를 나타냄
又,也,再,还,常常,往往,时常,经常,一直,一向

범위부사 동작의 범위를 제한
才,光,就,都,只,一共,一起,仅,仅仅

부정부사 부정을 나타냄
不,没,别,未,无

상태부사 동작이나 상태의 상황을 나타냄
忽然,突然,猛然,逐步,逐渐,渐渐

어기부사 말의 분위기, 말투를 나타냄
原来,明明,大概,大约,只好,差点儿,难道,到底,
究竟,一定,居然,竟,竟然

56

1. 我常常去图书馆。
2. 我已经看了那本书。
3. 他们都从中国回来了。
4. 今天不是星期四。
5. 我从来没吃过这种水果。

6. 我不只去过一次北京。
7. 我们都不是韩国人。
8. 我们不都是韩国人。
9. 我家一共有四口人。
   (부사의 주요 역할은 부사어가 되는 것이고, 모든 부사는
   부사어가 될 수 있습니다.)
10. 我累得很。
    (일부 부사는 술어 뒤에 쓰여 보어 역할을 합니다.)

19. 전치사의 위치 (217p)

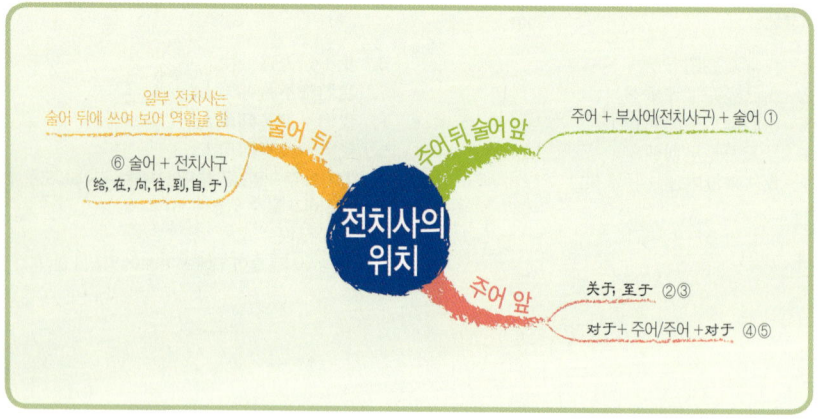

일부 전치사는
술어 뒤에 쓰여 보어 역할을 함

술어 뒤

⑥ 술어 + 전치사구
(给, 在, 向, 往, 到, 自, 于)

주어뒤 술어앞

주어 + 부사어(전치사구) + 술어 ①

전치사의 위치

주어 앞

关于, 至于 ②③
对于 + 주어/주어 + 对于 ④⑤

예문

1. 我从日本来。
2. 关于电脑，他很在行。
3. 我决定考北大了，至于能否成功我也不能确定。
4. 对于考生来说，时间就是生命。
5. 这件事对于我来说很重要。
6. 我出生于仁川。

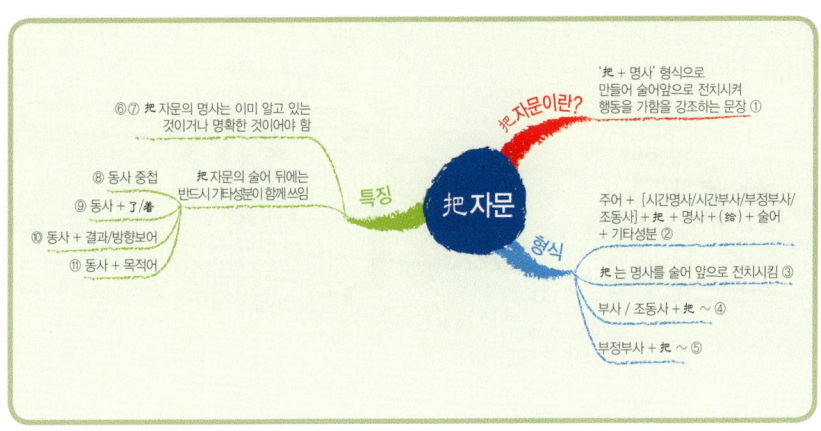

把자문이란?
'把 + 명사' 형식으로 만들어 술어앞으로 전치시켜 행동을 가함을 강조하는 문장 ①

特징

⑥⑦ 把 자문의 명사는 이미 알고 있는 것이거나 명확한 것이어야 함
⑧ 동사 중첩
⑨ 동사 + 了/着
⑩ 동사 + 결과/방향보어
⑪ 동사 + 목적어
把 자문의 술어 뒤에는 반드시 기타성분이 함께 쓰임

把 자문

형식

주어 + [시간명사/시간부사/부정부사/조동사] + 把 + 명사 + (给) + 술어 + 기타성분 ②
把 는 명사를 술어 앞으로 전치시킴 ③
부사 / 조동사 + 把 ~ ④
부정부사 + 把 ~ ⑤

예문

1. 我把作业做完了。
2. 我把作业做完了。
3. 丹丹把那件衣服洗好了。
4. 你快把作业做完。
5. 我没把小说看完。
6. 把那本词典递给我。명확한 목적(O)
7. 把一本词典递给我。불명확한 목적어(X)
8. 咱们把房间收拾收拾。
9. 你把毛衣脱了吧。
10. 我把你的衣服弄脏了。
11. 你把这件事告诉老师吧。

21. 被자문 (222p)

被 자문이란?
- 전치사 被자를 써서 피동을 나타내는 문장 ①
- 주어 + [시간명사 / 시간부사 / 부정부사 / 조동사] + 被 + 명사 + (给) + 술어 + 기타성분 ②

被 자문

형식
- 被 자문에서는 '被+명사'가 동작의 주체(생략가능)③
- 부사/조동사 + 被 ~ ④
- 부정부사 + 被 ~ ⑤

특징
- ⑥⑦ 주어는 명확한 것이어야 함
- ⑧ 동사 뒤에 기타성분이 오거나 被 자 앞에 부사어가 와야 함

예문

1. 门被我打开了。
2. 门被我打开了。
3. 我被老师批评了一顿。
4. 家里的东西都被小偷抢走了。
5. 我没被老师批评。
6. 那包裹被丹丹取走了。
7. 一个包裹被丹丹取走了。(X)
8. 今天忘带伞了，被雨淋湿了。

22. 전치사 전체 지도 (225p)

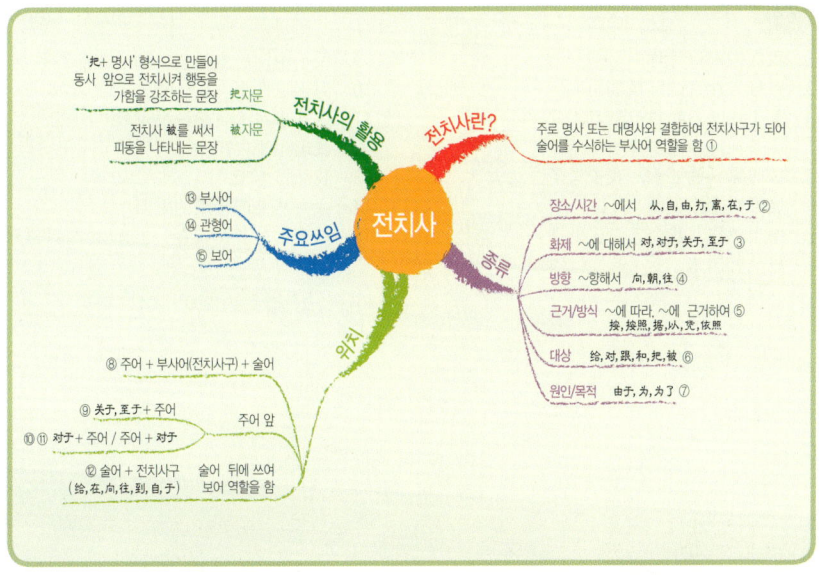

'把 + 명사' 형식으로 만들어 동사 앞으로 전치시켜 행동을 가함을 강조하는 문장 **把자문**

전치사 **被**를 써서 피동을 나타내는 문장 **被자문**

전치사의 활용

전치사란? 주로 명사 또는 대명사와 결합하여 전치사구가 되어 술어를 수식하는 부사어 역할을 함 ①

⑬ 부사어
⑭ 관형어
⑤ 보어
주요쓰임

전치사

종류

장소/시간 ~에서 从, 自, 由, 打, 离, 在, 于 ②

화제 ~에 대해서 对, 对于, 关于, 至于 ③

방향 ~향해서 向, 朝, 往 ④

근거/방식 ~에 따라, ~에 근거하여 ⑤
按, 按照, 据, 从, 凭, 依照

대상 ~로, 对, 跟, 和, 把, 被 ⑥

원인/목적 由于, 为, 为了 ⑦

위치

⑧ 주어 + 부사어(전치사구) + 술어

⑨ 关于, 至于 + 주어

⑩ ⑪ 对于 + 주어 / 주어 + 对于

주어 앞

⑫ 술어 + 전치사구
(给, 在, 向, 往, 到, 自, 于)

술어 뒤에 쓰여 보어 역할을 함

마인드맵으로 그려낸 문정아의 중국어 어법 지도서

예문

1. 我在校门口等你。
2. 打算自北京国际机场出发。
3. 关于语法，我自己学习。
4. 这条河向东流。
5. 按照家人的要求，我报考了医科大学。
6. 老师对学生说明。
7. 由于感冒，我今天没去上课。
8. 我从韩国来。

9. 关于中国历史的书，我已经看了不少。
10. 对于这件事，我已经忘了。
11. 这件事对于我来说很重要。
12. 我出生于仁川。
13. 我从日本来。
14. 我有从美国带来的衣服。
15. 这列火车开往长春。

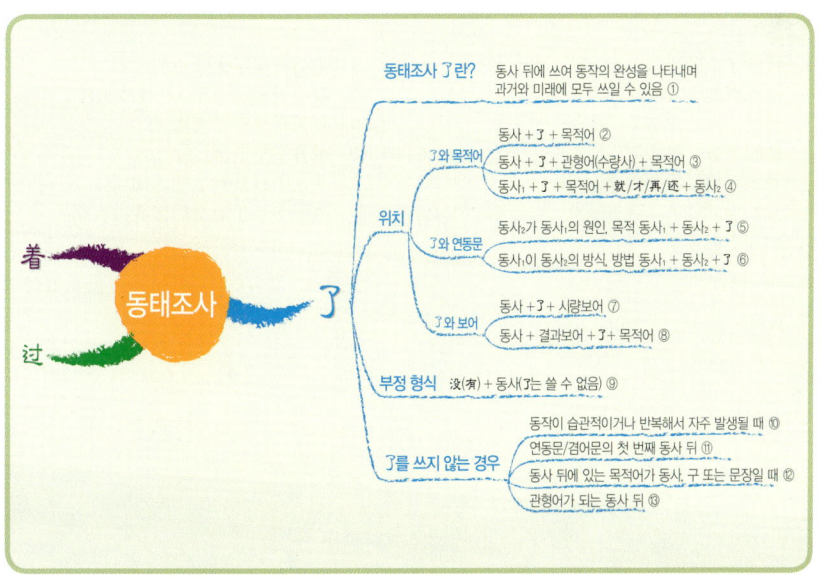

동태조사 了란? — 동사 뒤에 쓰여 동작의 완성을 나타내며 과거와 미래에 모두 쓰일 수 있음 ①

동태조사

了

위치

了와 목적어
- 동사 + 了 + 목적어 ②
- 동사 + 了 + 관형어(수량사) + 목적어 ③
- 동사₁ + 了 + 목적어 + 就/才/再/还 + 동사₂ ④

了와 연동문
- 동사₂가 동사₁의 원인, 목적 동사₁ + 동사₂ + 了 ⑤
- 동사₁이 동사₂의 방식, 방법 동사₁ + 동사₂ + 了 ⑥

了와 보어
- 동사 + 了 + 시량보어 ⑦
- 동사 + 결과보어 + 了 + 목적어 ⑧

부정 형식 — 没(有) + 동사(了는 쓸 수 없음) ⑨

了를 쓰지 않는 경우
- 동작이 습관적이거나 반복해서 자주 발생될 때 ⑩
- 연동문/겸어문의 첫 번째 동사 뒤 ⑪
- 동사 뒤에 있는 목적어가 동사, 구 또는 문장일 때 ⑫
- 관형어가 되는 동사 뒤 ⑬

着   过

예문

1. 我学了电脑。
2. 他昨天帮了我。
3. 我买了两张电影票。
4. 你吃了饭，再去吧。
5. 她来告诉了我那件事。
6. 我们坐地铁去了他家。
7. 她在上海住了一年。

8. 咱们听懂了老师讲的内容。
9. 我昨天看了电影。→ 我昨天没看电影。
10. 夏天常常下了大雨。(X)
11. 她开了车上班。(X)
12. 我这个月开始了学瑜伽。(X)
13. 昨天参加了的足球比赛很有意思。(X)

24. 동태조사 着 (233p)

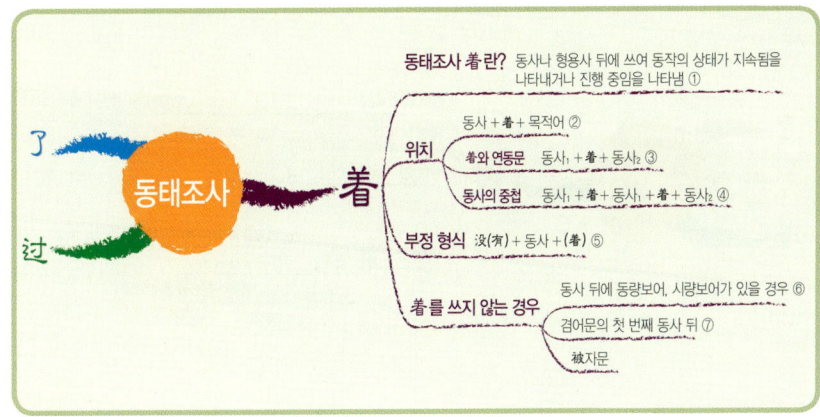

동태조사 着란? 동사나 형용사 뒤에 쓰여 동작의 상태가 지속됨을 나타내거나 진행 중임을 나타냄 ①

동태조사 着

위치
- 동사 + 着 + 목적어 ②
- 着와 연동문 동사₁ + 着 + 동사₂ ③
- 동사의 중첩 동사₁ + 着 + 동사₁ + 着 + 동사₂ ④

부정 형식 没(有) + 동사 + (着) ⑤

着를 쓰지 않는 경우
- 동사 뒤에 동량보어, 시량보어가 있을 경우 ⑥
- 겸어문의 첫 번째 동사 뒤 ⑦
- 被자문

예문

1. 他正说着呢。
2. 他们看着杂志呢。
3. 他拉着我的手进去了。
4. 孩子听着听着就睡着了。
5. 老师没(有)站着，坐着呢。
6. 我找着他好几次，一直不在。(X)
7. 老师叫着我们交报告。(X)

마인드맵으로 그려낸 문장어순의 중국어 어법 판서

25. 동태조사 过 _(235p)

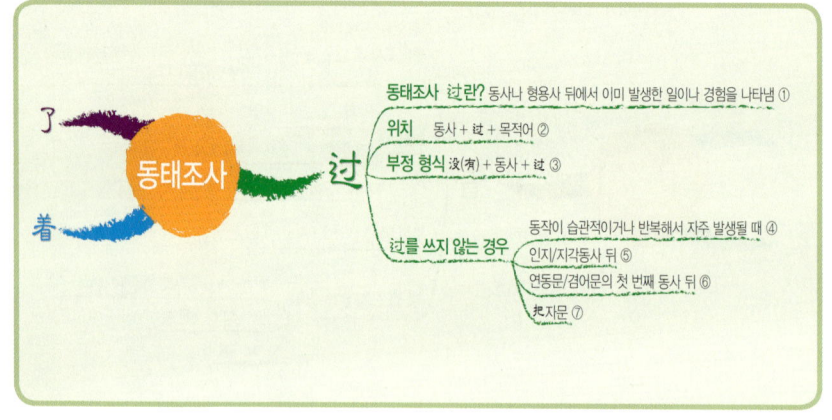

了
着

동태조사

过

동태조사 过란? 동사나 형용사 뒤에서 이미 발생한 일이나 경험을 나타냄 ①

위치 　동사 + 过 + 목적어 ②

부정 형식 没(有) + 동사 + 过 ③

过를 쓰지 않는 경우
　동작이 습관적이거나 반복해서 자주 발생될 때 ④
　인지/지각동사 뒤 ⑤
　연동문/겸어문의 첫 번째 동사 뒤 ⑥
　把자문 ⑦

예문

1. 他以前瘦过。
2. 去年我去过长城。
3. 我从来没看见过你这么高兴。
4. 我在网吧经常看到过他。(✕)

5. 我早就知道过你的意思。(✕)
6. 他开过车上班。(✕)
7. 我把那部电影看完过。(✕)

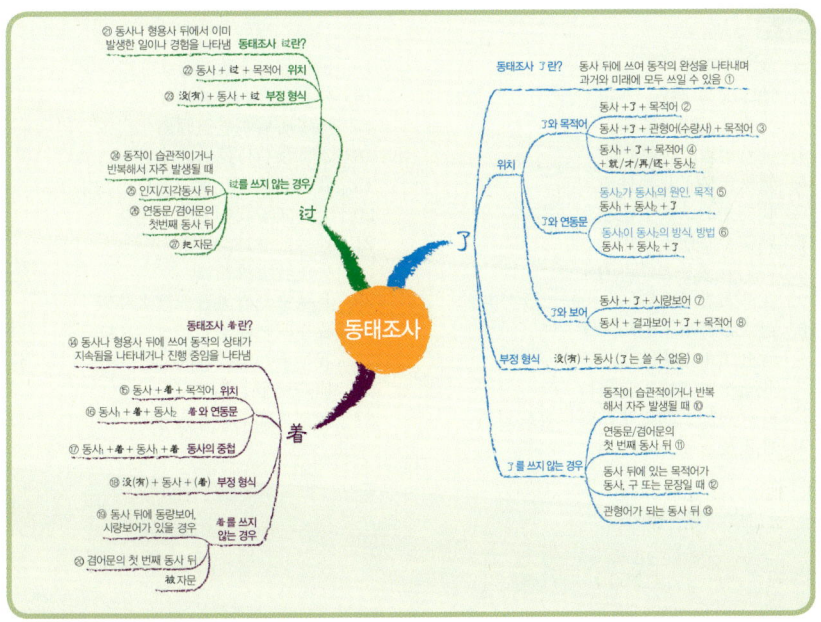

동태조사

了

동태조사 了란? 동사 뒤에 쓰여 동작의 완성을 나타내며 과거와 미래에 모두 쓰일 수 있음 ①

위치
- 了와 목적어
  - 동사 + 了 + 목적어 ②
  - 동사 + 了 + 관형어(수량사) + 목적어 ③
  - 동사 + 了 + 목적어 ④
    + 就/才/再/还 + 동사
  - 동사가 동사의 원인 목적 ⑤
  - 동사 + 동사₂ ⑤
- 了와 연동문
  - 동사이 동사의 방식 방법 ⑥
  - 동사 + 동사₂ + 了
- 了와 보어
  - 동사 + 了 + 시량보어 ⑦
  - 동사 + 결과보어 + 了 + 목적어 ⑧

부정 형식: 没(有) + 동사 (了는 쓸 수 없음)

了를 쓰지 않는 경우
- 동작이 습관적이거나 반복해서 자주 발생될 때 ⑩
- 연동문/겸어문의 첫 번째 동사 뒤 ⑪
- 동사 뒤에 있는 목적어가 동사, 구 또는 문장일 때 ⑫
- 관형어가 되는 동사 뒤 ⑬

过

동태조사 过란? 동사나 형용사 뒤에서 이미 발생한 일이나 경험을 나타냄

- 위치: 동사 + 过 + 목적어 ②
- 부정 형식: 沒(有) + 동사 + 过 ②

过를 쓰지 않는 경우
- 동작이 습관적이거나 반복해서 자주 발생될 때 ②
- 인지/지각동사 뒤 ②
- 연동문/겸어문의 첫번째 동사 뒤 ②
- 祈使문 ②

着

동태조사 着란? 동사나 형용사 뒤에 쓰여 동작의 상태가 지속됨을 나타내거나 진행 중임을 나타냄

- 위치: 동사 + 着 + 목적어 ⑮
- 동사 + 着 + 동사₂ 着로 연동문 ⑯
- 동사 + 着 + 동사 + 着 동사의 중첩 ⑰
- 부정 형식: 沒(有) + 동사 + (着) ⑱
- 着를 쓰지 않는 경우
  - 동사 뒤에 동량보어 시량보어가 있을 경우 ⑲
  - 겸어문의 첫 번째 동사 뒤 ⑳
  - 祈使문

예문

1. 我学了电脑。
2. 他昨天帮了我。
3. 我买了两张电影票。
4. 你吃了饭，再去吧。
5. 她来告诉了我那件事。
6. 我们坐地铁去了他家。
7. 她在上海住了一年。
8. 咱们听懂了老师讲的内容。
9. 我昨天看了电影。→ 我昨天没看电影。
10. 夏天常常下了大雨。(X)
11. 她开了车上班。(X)
12. 我这个月开始了学瑜伽。(X)
13. 昨天参加了的足球比赛很有意思。(X)
14. 他正说着呢。
15. 他们看着杂志呢。
16. 他拉着我的手进去了。
17. 孩子听着听着就睡着了。
18. 老师没(有)站着，坐着呢。
19. 我找着他好几次，一直不在。(X)
20. 老师叫着我们交报告。(X)
21. 他以前瘦过。
22. 去年我去过长城。
23. 我从来没看见过你这么高兴。
24. 我在网吧经常看到过他。(X)
25. 我早就知道过你的意思。(X)
26. 他开过车上班。(X)
27. 我把那部电影看完过。(X)

27. 구조조사 (239p)

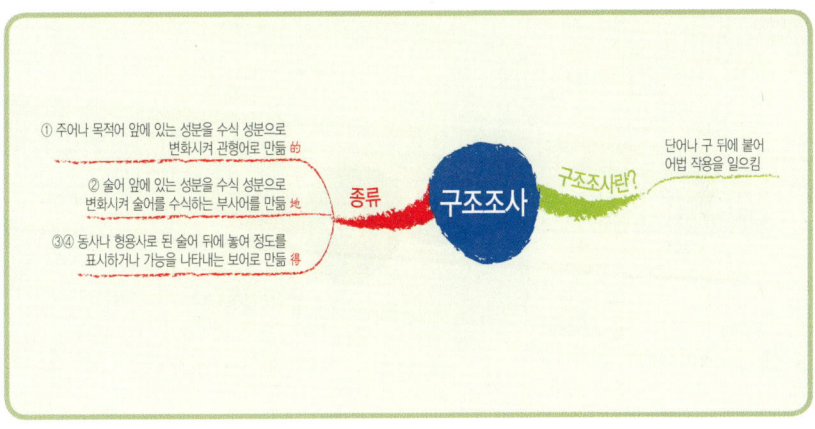

① 주어나 목적어 앞에 있는 성분을 수식 성분으로 변화시켜 관형어로 만듦 的

② 술어 앞에 있는 성분을 수식 성분으로 변화시켜 술어를 수식하는 부사어를 만듦 地

③④ 동사나 형용사로 된 술어 뒤에 놓여 정도를 표시하거나 가능을 나타내는 보어로 만듦 得

종류

구조조사

구조조사란?

단어나 구 뒤에 붙어 어법 작용을 일으킴

예문

1. 你的鞋很好看。
2. 慢慢地好起来了。
3. 他跑得很慢。
4. 说得出来。

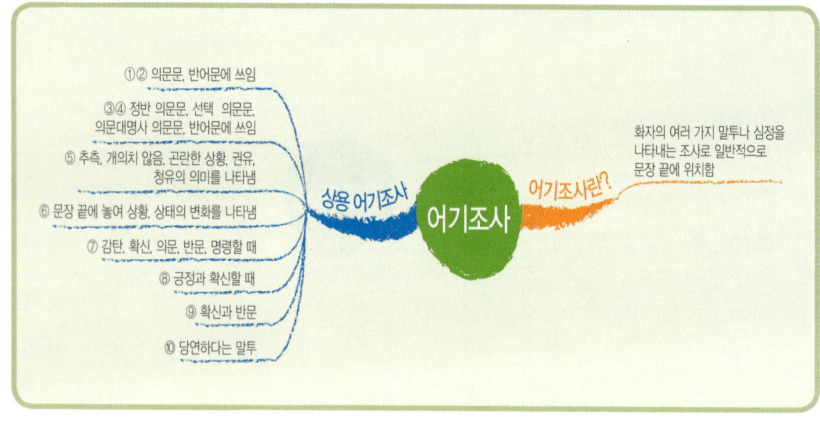

① ② 의문문, 반어문에 쓰임

③ ④ 정반 의문문, 선택 의문문,
의문대명사 의문문, 반어문에 쓰임

⑤ 추측, 개의치 않음, 곤란한 상황, 권유,
청유의 의미를 나타냄

⑥ 문장 끝에 놓여 상황, 상태의 변화를 나타냄

⑦ 감탄, 확신 의문, 반문, 명령할 때

⑧ 긍정과 확신할 때

⑨ 확신과 반문

⑩ 당연하다는 말투

상용 어기조사

어기조사

어기조사란?

화자의 여러 가지 말투나 심정을
나타내는 조사로 일반적으로
문장 끝에 위치함

1. 你会说汉语吗？
2. 你不是已经道歉了吗？
3. 咱们今天去还是明天去呢？
4. 你怎么能这么做呢？
5. 他可能已经走了吧。

6. 快到春天了。
7. 孩子多可爱啊！
8. 他一定会得到好成绩的。
9. 钱多方便嘛。
10. 老了就老了呗！

문형, 접속사와 복문

part 3

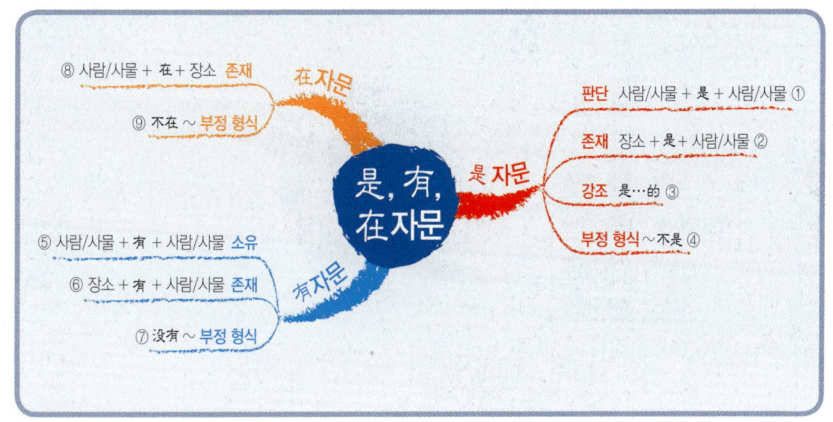

⑧ 사람/사물 + 在 + 장소 존재

在자문

⑨ 不在 ~ 부정 형식

판단 사람/사물 + 是 + 사람/사물 ①

존재 장소 + 是 + 사람/사물 ②

是, 有, 在 자문

강조 是…的 ③

是 자문

부정 형식 ~不是 ④

⑤ 사람/사물 + 有 + 사람/사물 소유

⑥ 장소 + 有 + 사람/사물 존재

有자문

⑦ 没有 ~ 부정 형식

예문

1. 她是汉语老师。
2. 车站到处都是人。
3. 他是从美国来的。
4. 他不是你说的哪个日本人。
5. 我有两张音乐会的票。
6. 图书馆里有很多书。
7. 我没有钱。
8. 我在仁川。
9. 爸爸不在家。

02. 의문문 (252p)

의문문이란? 물음을 제기하는 문장 ①

의문문

종류

② 평서문 + 吗? 吗를 이용한 의문문

③~⑨ 의문대명사를 이용한 의문문

⑩⑪ 정반 의문문

⑫ (是) A 还是 B? 선택 의문문

예문

1. 今天星期几?
2. 你是东北人吗?
3. 你是谁? (사람)
4. 这是什么? (사물)
5. 你要几个? (수량)
6. 성질, 상태, 방식, 정도 : 这件衣服怎么样?
7. 你几时过来? (시간)
8. 他今天怎么了? (원인)
9. 你在哪儿? (장소)
10. 今天天气好不好?
11. 你有没有良心?
12. 丹丹是韩国人还是中国人?

03. 반어문 (255p)

① 不是…吗?
② 哪儿/哪里
③ 什么/有什么
④ 谁说(的)
⑤ 难道…(吗/不成)?
⑥ 怎么
⑦ 어기를 사용

형식

반어문

반어문이란?

반문의 형식으로 명백한 도리, 사실에 대하여 어조를 강조하는 문장

예문

1. 这不是你的书吗? (这是你的书。)
2. 我哪有时间呢? (我没有时间。)
3. 这有什么麻烦的, 我来做吧。(这不麻烦。)
4. 谁说我是中国人? (我不是中国人。)
5. 难道他不会写字吗? (他会写字。)
6. 孩子考上大学了,
   我怎么能不高兴呢? (我很高兴。)
7. 那是新的? (那不是新的。)

04. 연동문 (257p)

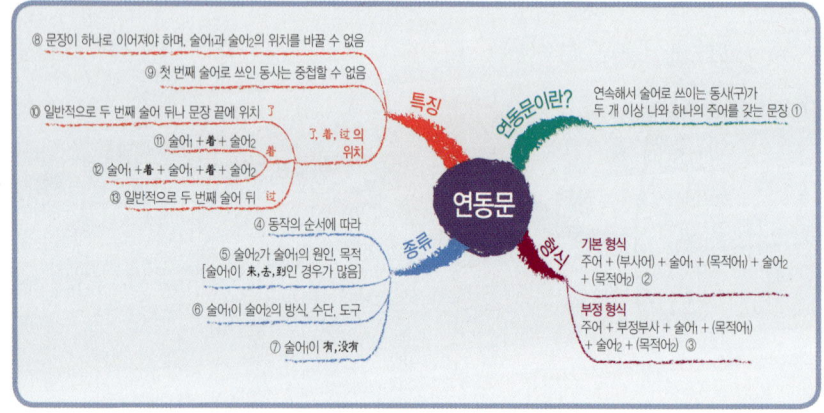

연동문이란?

연속해서 술어로 쓰이는 동사(구)가 두 개 이상 나와 하나의 주어를 갖는 문장 ①

특징

⑧ 문장이 하나로 이어져야 하며, 술어₁과 술어₂의 위치를 바꿀 수 없음

⑨ 첫 번째 술어로 쓰인 동사는 중첩할 수 없음

了, 着, 过 의 위치

⑩ 일반적으로 두 번째 술어 뒤나 문장 끝에 위치 了

⑪ 술어₁ + 着 + 술어₂ 着

⑫ 술어₁ + 着 + 술어₂ + 着 + 술어₂ 着

⑬ 일반적으로 두 번째 술어 뒤 过

종류

④ 동작의 순서에 따라

⑤ 술어₂가 술어₁의 원인, 목적 [술어₁이 来,去,到인 경우가 많음]

⑥ 술어₁이 술어₂의 방식, 수단, 도구

⑦ 술어₁이 有,没有

형식

기본 형식
주어 + (부사어) + 술어₁ + (목적어₁) + 술어₂ + (목적어₂) ②

부정 형식
주어 + 부정부사 + 술어₁ + (목적어₁) + 술어₂ + (목적어₂) ③

1. 我躺着看书。
2. 我去学校学汉语。
3. 他不去商店买东西。
4. 我下了课就看电影。
5. 我来北京学汉语。
6. 坐公共汽车去学校。
7. 我没有时间吃饭。

8. 我去学校学汉语。(O)　我学汉语去学校。(X)
9. 我去去市场买苹果。(X)
10. 我去百货商店买了一双鞋。
11. 他低着头进来了。
12. 听着听着，就背下来了。
13. 我去中国学过汉语。

마인드맵으로 그려낸 문장어의 중국어 어법교과서

77

05. 겸어문 (261p)

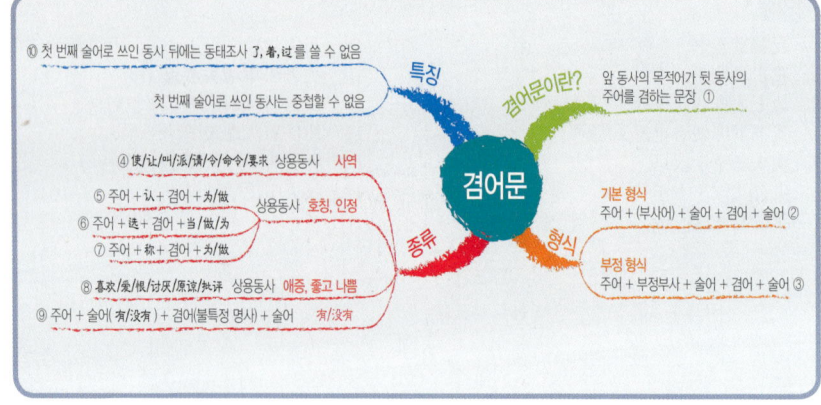

특징
① 첫 번째 술어로 쓰인 동사 뒤에는 동태조사 了, 着, 过 를 쓸 수 없음
첫 번째 술어로 쓰인 동사는 중첩할 수 없음

겸어문이란?
앞 동사의 목적어가 뒷 동사의 주어를 겸하는 문장 ①

겸어문

형식
기본 형식
주어 + (부사어) + 술어 + 겸어 + 술어 ②

부정 형식
주어 + 부정부사 + 술어 + 겸어 + 술어 ③

종류
④ 使/让/叫/派/请/令/命令/要求 상용동사 **사역**
⑤ 주어 + 认 + 겸어 + 为/做 상용동사 **호칭, 인정**
⑥ 주어 + 选 + 겸어 + 当/做/为
⑦ 주어 + 称 + 겸어 + 为/做
⑧ 喜欢/爱/恨/讨厌/原谅/批评 상용동사 **애증, 좋고 나쁨**
⑨ 주어 + 술어(有/没有) + 겸어(불특정 명사) + 술어 **有/没有**

예문

1. 请他来。
2. 我希望丹丹变得漂亮。
3. 妈妈没让我看电视。
4. 老师要求学生努力学习。
5. 爸爸的棋艺高超，我认他为老师。
6. 国民选他当总统。
7. 大家称丹丹为天使。
8. 孩子讨厌药苦。
9. 丈夫有一个爱好是钓鱼。
10. 老板命令过我去学校。(X)
11. 我请请你来。(X)

06. 존현문 (265p)

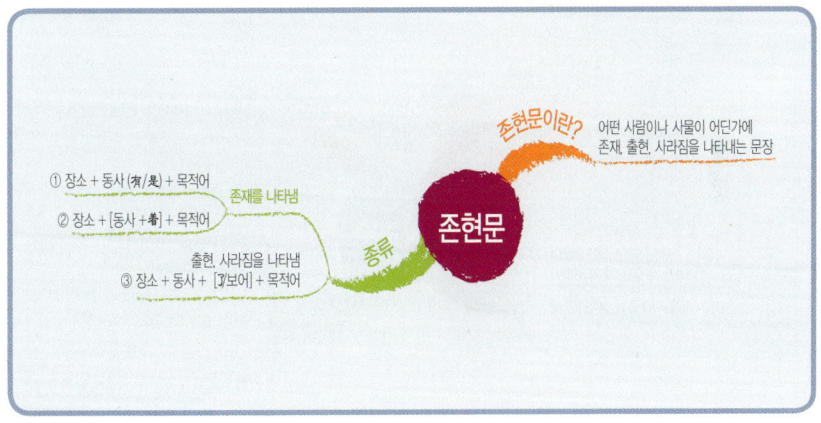

존현문이란? 어떤 사람이나 사물이 어딘가에 존재, 출현, 사라짐을 나타내는 문장

존현문

존재를 나타냄
① 장소 + 동사 (有/是) + 목적어
② 장소 + [동사 + 着] + 목적어

출현, 사라짐을 나타냄
③ 장소 + 동사 + [了/보어] + 목적어

종류

예문

1. 车上有很多人。
2. 墙上挂着一件衣服。
3. 学校来了一位新老师。

마인드맵으로 그려낸 문장인의 중국어 어법 교과서

07. 비교문 (267p)

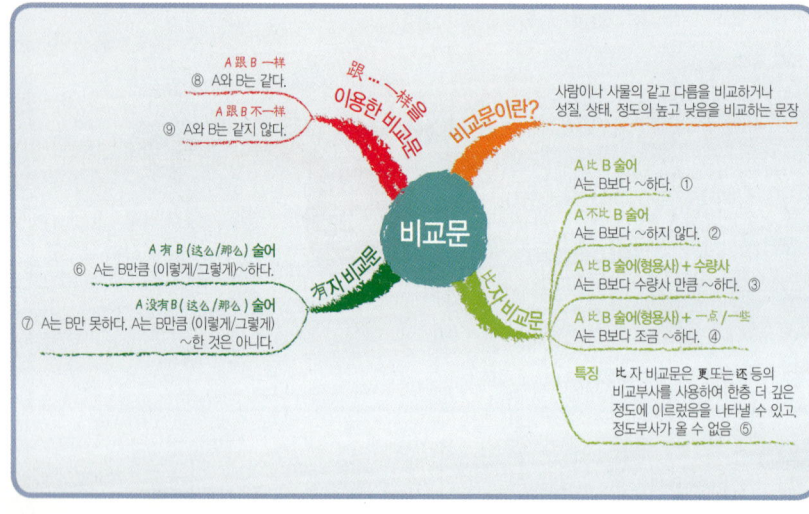

비교문

跟… 一样을 이용한 비교문

A 跟 B 一样
⑧ A와 B는 같다.

A 跟 B 不一样
⑨ A와 B는 같지 않다.

비교문이란?
사람이나 사물의 같고 다름을 비교하거나 성질, 상태, 정도의 높고 낮음을 비교하는 문장

比자 비교문

A 比 B 술어
A는 B보다 ~하다. ①

A 不比 B 술어
A는 B보다 ~하지 않다. ②

A 比 B 술어(형용사) + 수량사
A는 B보다 수량사 만큼 ~하다. ③

A 比 B 술어(형용사) + 一点 / 一些
A는 B보다 조금 ~하다. ④

특징 比 자 비교문은 更 또는 还 등의 비교부사를 사용하여 한층 더 깊은 정도에 이르렀음을 나타낼 수 있고, 정도부사가 올 수 없음 ⑤

有자 비교문

A 有 B (这么/那么) 술어
⑥ A는 B만큼 (이렇게/그렇게)~하다.

A 没有 B (这么/那么) 술어
⑦ A는 B만 못하다. A는 B만큼 (이렇게/그렇게) ~한 것은 아니다.

1. 丹丹比我高。
2. 我不比丹丹高。
3. 我比你大两岁。
4. 我的成绩比丹丹差一点。
5. 我的个子比他更矮。(O)
   我的个子比他很矮。(X)

6. 我有她那么漂亮吗？
7. 我的个子没有他那么高。
8. 你跟丹丹一样可爱。
9. 他的想法跟我不一样。

마인드맵으로 그려내 문장어의 중국어 어법 교과서

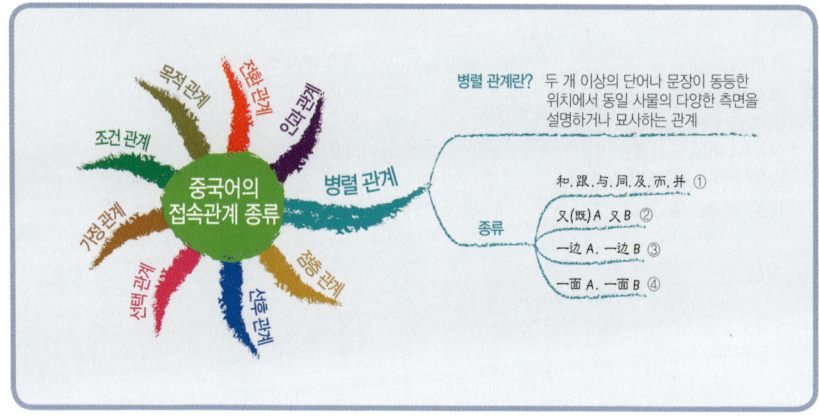

병렬 관계란? 두 개 이상의 단어나 문장이 동등한 위치에서 동일 사물의 다양한 측면을 설명하거나 묘사하는 관계

종류
- 和, 跟, 与, 同, 及, 而, 并 ①
- 又(既)A 又 B ②
- 一边 A, 一边 B ③
- 一面 A, 一面 B ④

예문

1. 铅笔和笔记本都是我买的。
2. 他这个人又笨又胖。
3. 我一边走，一边说。
4. 我一面学习，一面工作。

82

02. 점층 관계 (278p)

점층 관계란? 뒤의 의미가 앞의 의미보다 점점 깊어짐을 나타내는 관계

종류

[不但/不仅] A, [而且/并且/也/还] B ①
(连)A [都/也]～, 何况 B 呢? ②
除了 A [外/以外/之外], [还/也/都] B ③
A, 甚至 B ④

중국어의 접속관계 종류

점층 관계
인과 관계
전환 관계
목적 관계
병렬 관계
조건 관계
가정 관계
선택 관계
선후 관계

예문

1. 自行车不但方便，而且便宜。
2. 连男生都拿不动，何况小女孩儿呢？
3. 除了面包外，还有饮料。
4. 他生病了，甚至不能来上课。

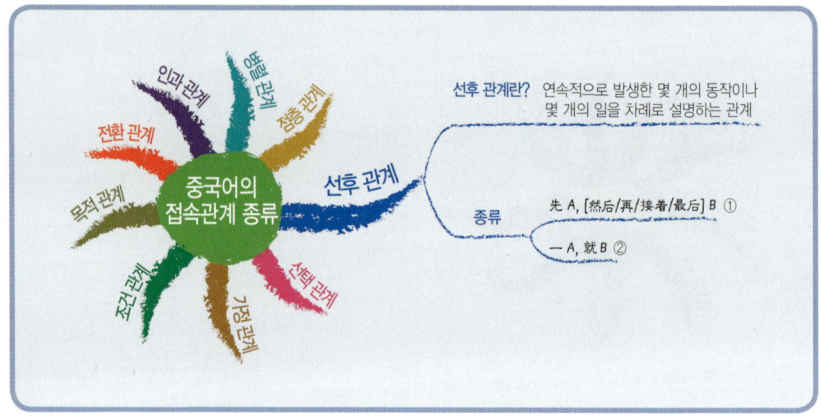

선후 관계란? 연속적으로 발생한 몇 개의 동작이나 몇 개의 일을 차례로 설명하는 관계

종류
先 A, [然后/再/接着/最后] B ①
— A, 就 B ②

중국어의 접속관계 종류

선후 관계
인과 관계
병렬 관계
전환 관계
점층 관계
목적 관계
조건 관계
선택 관계
가정 관계

예문

1. 先简单看一遍，然后再仔细地看。
2. 他一回国，就找到了工作。

04. 선택 관계 (281p)

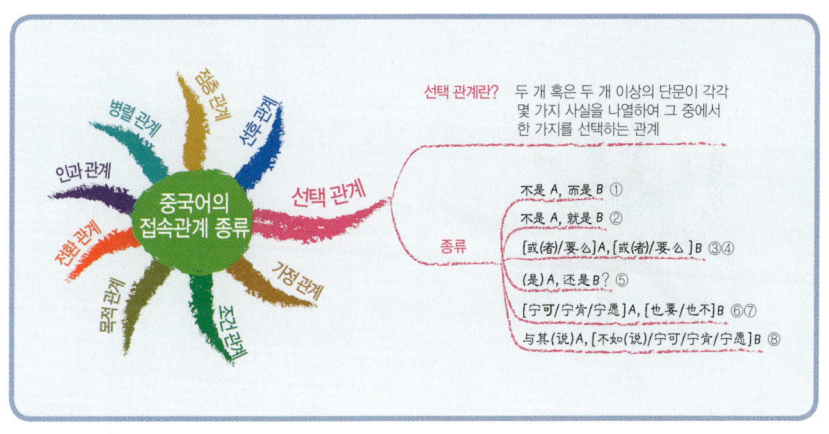

선택 관계란? 두 개 혹은 두 개 이상의 단문이 각각
몇 가지 사실을 나열하여 그 중에서
한 가지를 선택하는 관계

선택 관계

종류

不是 A, 而是 B ①
不是 A, 就是 B ②
[或(者)/要么] A, [或(者)/要么] B ③④
(是) A, 还是 B? ⑤
[宁可/宁肯/宁愿] A, [也要/也不] B ⑥⑦
与其 (说) A, [不如(说)/宁可/宁肯/宁愿] B ⑧

마인드맵으로 그려낸 문 정아의 중국어 어법 교과서

예문

1. 这不是买的，而是别人送给我的。
2. 他不是老师，就是家长。
3. 或者你穿雨衣，或者我穿都可以。
4. 要么出去吃，要么在家吃。
5. 明天你坐飞机去，还是坐船去？
6. 我宁愿不吃饭，也要把这本书看完。
7. 宁可自己做，也不要麻烦别人。
8. 与其浪费时间，不如做点实事。

05. 가정 관계 (284p)

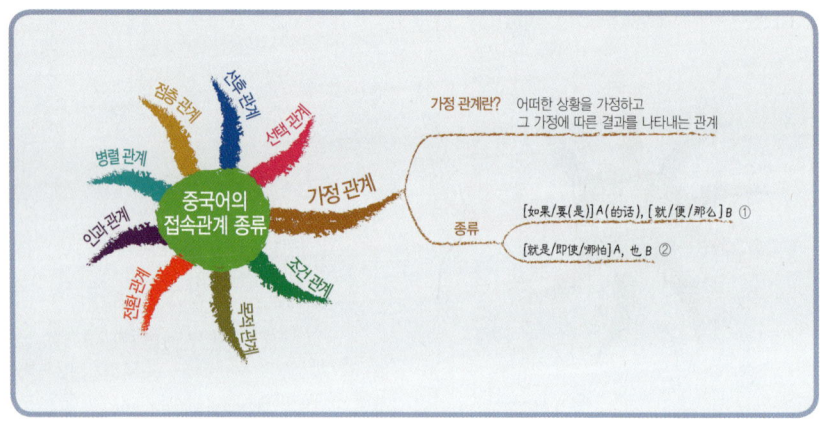

가정 관계란? 어떠한 상황을 가정하고
그 가정에 따른 결과를 나타내는 관계

종류

[如果/要(是)]A(的话), [就/便/那么]B ①

[就是/即使/哪怕]A, 也 B ②

(중심: 중국어의 접속관계 종류 / 가정 관계 / 병렬 관계 / 점층 관계 / 선후 관계 / 선택 관계 / 인과 관계 / 전환 관계 / 조건 관계 / 목적 관계)

예문

1. 如果有钱的话，那借给我吧。
2. 就是他来了，事情也不能解决。

06. 조건 관계 (286p)

- 선후 관계
- 선택 관계
- 점층 관계
- 가정 관계
- 병렬 관계
- 목적 관계
- 인과 관계
- 전환 관계

중국어의 접속관계 종류

조건 관계

조건 관계란? 조건과 결과를 나타내는 관계

종류

只有A, 才B ①

只要A, 就B ②

[无论/不论/不管/任(任凭)/随]
A(정반 의문문/선택 의문문/의문대명사/多么)
+[都/还/也]B ③ ④

除非A, [否则/要不/不然/要不然]B ⑤

除非A, 才B ⑥

예문

1. 只有不断努力，才能成功。
2. 只要吃这药，就立即见效。
3. 无论什么人，都喜欢她。
4. 任凭他的医术多么高明，也治不好自己的病。
5. 除非你听话，否则我们不带你去。
6. 除非我爸同意，我才能去欧洲旅行。

07. 목적 관계 (288p)

목적 관계란? 어떠한 목적과 그 목적을 달성하기
위한 행동이나 방법을 나타내는 관계

목적 관계

종류

为了A ①

A, 以便B ②

A, [以免/免得/省得]B ③

중국어의
접속관계 종류

선택 관계
가정 관계
조건 관계
선후 관계
병종 관계
병렬 관계
인과 관계
전환 관계

예문

1. 为了学好汉语，买了这本书。
2. 书上写好自己的名字，以便容易区分。
3. 出发之前跟他联系，以免他不在。

08. 전환 관계 (290p)

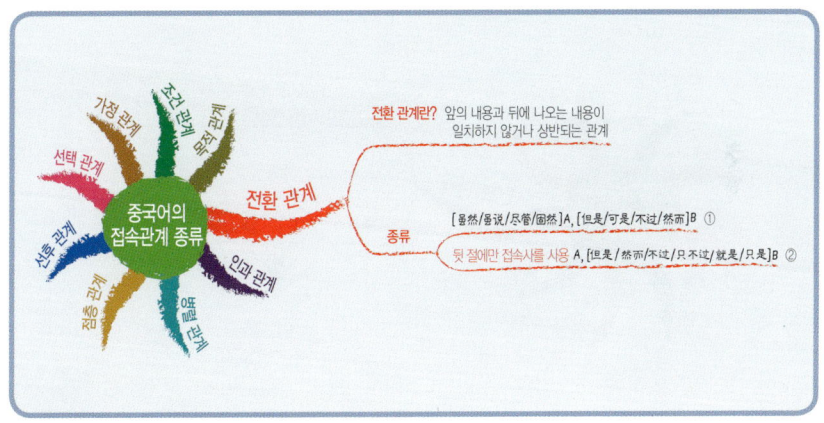

전환 관계란? 앞의 내용과 뒤에 나오는 내용이 일치하지 않거나 상반되는 관계

중국어의 접속관계 종류

전환 관계

종류
- [虽然/虽说/尽管/固然]A, [但是/可是/不过/然而]B ①
- 뒷 절에만 접속사를 사용 A, [但是/然而/不过/只不过/就是/只是]B ②

세로쓰기: 마인드맵으로 그려낸 문장어의 중국어 어법 판례서

1. 虽然你是我的儿子，但是我不能原谅你。
2. 我努力学习了，但是成绩不好。

09. 인과 관계 (292p)

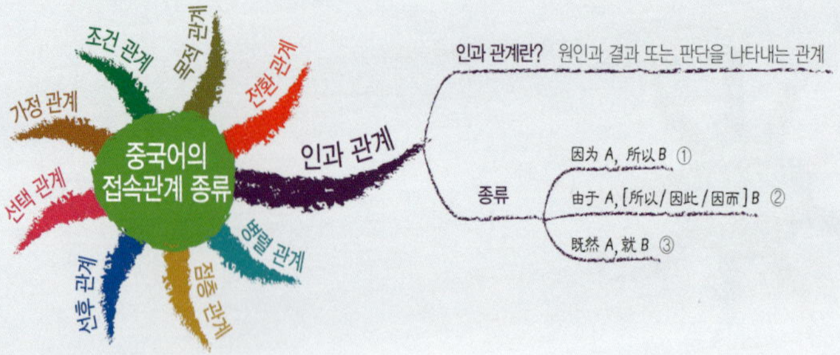

중국어의 접속관계 종류

조건 관계
목적 관계
전환 관계
가정 관계
선택 관계
인과 관계
점층 관계
병렬 관계
선후 관계

인과 관계란? 원인과 결과 또는 판단을 나타내는 관계

종류
因为 A，所以 B ①
由于 A，[所以 / 因此 / 因而] B ②
既然 A，就 B ③

예문

1. 因为她怀孕了，所以她的丈夫很高兴。
2. 由于今天下雨，因而演唱会只能取消。
3. 既然已经开始了，就坚持吧。

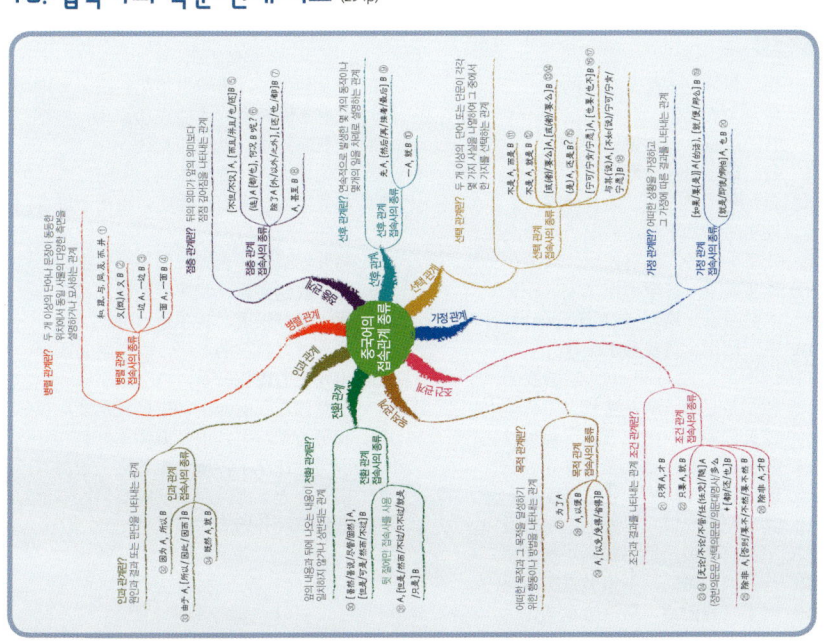

예문

1. 铅笔和笔记本都是我买的。
2. 他这个人又笨又胖。
3. 我一边走，一边说。
4. 我一面学习，一面工作。
5. 自行车不但方便，而且便宜。
6. 连男生都拿不动，何况小女孩儿呢？
7. 除了面包外，还有饮料。
8. 他生病了，甚至不能来上课。
9. 先简单看一遍，然后再仔细地看。
10. 他一回国，就找到了工作。
11. 这不是买的，而是别人送给我的。
12. 他不是老师，就是家长。
13. 或者你穿雨衣，或者我穿都可以。
14. 要么出去吃，要么在家吃。
15. 明天你坐飞机去，还是坐船去？
16. 我宁愿不吃饭，也要把这本书看完。
17. 宁可自己做，也不要麻烦别人。
18. 与其浪费时间，不如做点实事。
19. 如果有钱的话，那借给我吧。
20. 就是他来了，事情也不能解决。
21. 只有不断努力，才能成功。
22. 只要吃这药，就立即见效。
23. 无论什么人，都喜欢她。
24. 任凭他的医术多么高明，也治不好自己的病。
25. 除非你听话，否则我们不带你去。
26. 除非我爸同意，我才能去欧洲旅行。
27. 为了学好汉语，买了这本书。
28. 书上写好自己的名字，以便容易区分。
29. 出发之前跟他联系，以免他不在。
30. 虽然你是我的儿子，但是我不能原谅你。
31. 我努力学习了，但是成绩不好。
32. 因为她怀孕了，所以她的丈夫很高兴。
33. 由于今天下雨，因而演唱会只能取消。
34. 既然已经开始了，就坚持吧。